Ein Ritus – zwei Formen

Ein Ritus – zwei Formen

Die Richtlinie Papst Benedikts XVI. zur Liturgie

Herausgegeben von Albert Gerhards

HERDER

FREIBURG · BASEL · WIEN

© Verlag Herder GmbH, Freiburg im Breisgau 2008
Alle Rechte vorbehalten
www.herder.de
Umschlaggestaltung: Finken&Bumiller, Stuttgart
Satz: dtp studio mainz, Jörg Eckart
Herstellung: freiburger graphische betriebe
www.fgb.de
Gedruckt auf umweltfreundlichem, chlorfrei gebleichtem Papier
Printed in Germany

ISBN 978-3-451-29781-6

Inhaltsverzeichnis

Zur Einführung

Bereits lange vor seinem Erscheinen löste das Schreiben Papst Benedikts XVI. über den Gebrauch der Römischen Liturgie aus der Zeit vor der Reform von 1970 heftige Diskussionen aus. Darin kamen Besorgnisse, aber auch Erwartungen zur Sprache, die ein Bild davon vermittelten, wie kontrovers die im Anschluss an das Zweite Vatikanische Konzil vorgenommene Liturgiereform gesehen wird. Dabei war das Konzil selbst um eine Ausgewogenheit der Positionen bemüht. In seiner Vorlesung anlässlich des 40. Jubiläums der Liturgiekonstitution am 4. Dezember 2003 in Trier sprach der damalige Kardinal Ratzinger über Spannungen, die dem Wesen der Liturgie entsprächen und um deren Ausgleich die Konstitution bemüht gewesen sei: „Spannungen zwischen dem Verlangen, die Liturgie der alten Kirche wieder in ihrer Ursprünglichkeit zu erneuern und dem Bedürfnis, die Liturgie in der Gegenwart anzusiedeln; Spannungen zwischen dem konservativen und dem schöpferischen Element; Spannungen zwischen dem Anbetungscharakter der Liturgie und ihren katechetischen und pastoralen Aufgaben."[1] Die vom Konzilstext vorgegebene Balance sei allerdings bei der Reform nicht immer eingehalten worden. Diese Einschätzung ist schon aus vielen früheren Publikationen des Professors und Kardinals bekannt. In seinem Motu proprio vom 7. Juli 2007 hat Papst Benedikt XVI. schließlich den älteren Gebrauch (Usus) des römischen Ritus als außerordentliche Form neben die jüngere (die „forma ordinaria") gestellt. Beide Ausprägungen, so das Motu proprio, bringen den Glauben der Kirche gleichermaßen zum Ausdruck. Wird diese Entscheidung die verloren gegangene Balance wiederherstellen? Oder werden neue Spannungen entstehen, die der Liturgie und der Einheit der Kirche möglicherweise abträglich sind? Das Buch will erste Einschätzungen und Hilfen für einen angemessenen Umgang mit der neuen Situation geben.

Zunächst werden das Motu proprio und das Begleitschreiben des Papstes an die Bischöfe sowie die Leitlinien für die deutschen Diözesen dokumentiert. Mit der Erklärung des Vorsitzenden der Deutschen Bischofskonferenz, Karl Kardinal Lehmann, sowie dem Brief seines Stellvertreters Bischof Heinrich Mussinghoff an die pastoralen Mitarbeiterinnen und Mitarbeiter im Bistum Aachen kommen zwei Stellungnahmen aus bischöflicher Feder zu Wort.

Daran schließt sich eine theologische Diskussion aus unterschiedlichen Perspektiven an: Zunächst kommentiert der Vorsitzende der Arbeitsgemeinschaft katholischer Liturgikdozentinnen und -dozenten im deutschen Sprachgebiet, der Erfurter Liturgiewissenschaftler Benedikt Kranemann, das päpstliche Dokument. Klemens Richter, emeritierter Liturgiewissenschaftler an der Universität Münster, gibt eine positive Einschätzung der Liturgiereform aus der Sicht eines Zeitzeugen der Liturgischen Bewegung. Demgegenüber begründet Robert Spaemann, emeritierter Philosoph an der Universität München, seine Vorliebe für die ältere Form der Messe. Eine ebenfalls biografisch verortete Einschätzung der „Rückkehr des Trienter Missale" legt Enzo Bianchi, Prior der norditalienischen benediktinischen Gemeinschaft von Bose, vor. Der emeritierte Münsteraner Kirchenhistoriker Arnold Angenendt hinterfragt mit historischen Präzisierungen in Bezug auf die „Tridentinische Liturgie" manche vorgefassten Positionen. Liturgiewissenschaftlich und mit psychoanalytischem Blick resümiert der Liturgiewissenschaftler Andreas Odenthal (Universität Tübingen) das Pro und Contra der Entscheidung Benedikts XVI.

Eine so heterogene Wahrnehmung und Beurteilung des päpstlichen Dokuments kann und soll nicht auf einen Nenner gebracht werden. Dennoch steht am Ende der Versuch des Herausgebers, einige Schlussfolgerungen aus den vorgetragenen Argumenten und seiner eigenen Einschätzung zu ziehen.

Den Autoren sei für die Bereitstellung ihrer Manuskripte gedankt. Dass sie in eine typographisch korrekte Form gebracht werden konnten, dafür gebührt den Mitarbeiterinnen am Seminar für Liturgiewissenschaft der Katholisch-Theologischen Fakultät der Universität Bonn, allen voran meiner Assistentin Frau Dipl.-Theol. Nicole Wallenkamp, ein besonderer Dank.

Bonn im Januar 2008,   *Albert Gerhards*

Anmerkung

[1] J. Ratzinger, *40 Jahre Konstitution über die heilige Liturgie. Rückblick und Vorblick*, in: LJ 53 (2003) 209–221: 210

Dokumentation

PAPST BENEDIKT XVI.:
Apostolisches Schreiben Motu proprio
SUMMORUM PONTIFICUM

Die Sorge der Päpste ist es bis zur heutigen Zeit stets gewesen, dass die Kirche Christi der Göttlichen Majestät einen würdigen Kult darbringt, „zum Lob und Ruhm Seines Namens" und „zum Segen für Seine ganze heilige Kirche".

Seit unvordenklicher Zeit wie auch in Zukunft gilt es den Grundsatz zu wahren, „demzufolge jede Teilkirche mit der Gesamtkirche nicht nur hinsichtlich der Glaubenslehre und der sakramentalen Zeichen übereinstimmen muss, sondern auch hinsichtlich der universal von der apostolischen und ununterbrochenen Überlieferung empfangenen Gebräuche, die einzuhalten sind, nicht nur um Irrtümer zu vermeiden, sondern auch damit der Glaube unversehrt weitergegeben wird; denn das Gesetz des Betens (lex orandi) der Kirche entspricht ihrem Gesetz des Glaubens (lex credendi)."[1]

Unter den Päpsten, die eine solche gebotene Sorge walten ließen, ragt der Name des heiligen Gregor des Großen heraus; dieser sorgte dafür, dass sowohl der katholische Glaube als auch die Schätze des Kultes und der Kultur, welche die Römer der vorangegangenen Jahrhunderte angesammelt hatten, den jungen Völkern Europas übermittelt wurden. Er ordnete an, dass die in Rom gefeierte Form der heiligen Liturgie – sowohl des Messopfers als auch des Officium Divinum – festgelegt und bewahrt werde. Er förderte sehr die Mönche und Nonnen, die nach der Regel des heiligen Benedikt lebten und überall, zugleich mit der Verkündigung des Evangeliums, durch ihr Leben auch jenen äußerst heilsamen Satz der Regel veranschaulichten, dass „dem Gottesdienst nichts vorzuziehen" sei (Kap. 43). Auf solche Weise befruchtete die heilige Liturgie nach römischem Brauch nicht nur den Glauben und die Frömmigkeit, sondern auch die Kultur vieler Völker. Es steht fraglos fest, dass die lateinische Liturgie der Kirche – mit ihren verschiedenen Formen in allen Jahrhunderten der christlichen Zeit – sehr viele Heilige im geistlichen Leben angespornt und so viele Völker in der Tugend der Gottesverehrung gestärkt und deren Frömmigkeit befruchtet hat.

Dass aber die heilige Liturgie diese Aufgabe noch wirksamer erfüllte, darauf haben verschiedene weitere Päpste im Verlauf der Jahrhunderte besondere Sorgfalt verwandt; unter ihnen ragt der heilige Pius V. heraus, der mit großem seelsorglichen Eifer auf Veranlassung des Konzils von Trient den ganzen Kult der Kirche erneuerte, die Herausgabe verbesserter und „nach der Norm der Väter reformierter" liturgischer Bücher besorgte und sie der lateinischen Kirche zum Gebrauch übergab.

Unter den liturgischen Büchern des römischen Ritus ragt das Römische Messbuch deutlich hervor; es ist in der Stadt Rom entstanden und hat in den nachfolgenden Jahrhunderten schrittweise Formen angenommen, die große Ähnlichkeit haben mit der in den letzten Generationen geltenden.

„Dasselbe Ziel verfolgten die Päpste im Lauf der folgenden Jahrhunderte, indem sie sich um die Erneuerung oder die Festlegung der liturgischen Riten und Bücher bemühten und schließlich am Beginn dieses Jahrhunderts eine allgemeine Reform in Angriff nahmen."[2] So hielten es Unsere Vorgänger Clemens VIII., Urban VIII., der heilige Pius X.,[3] Benedikt XV., Pius XII. und der selige Johannes XXIII.

In jüngerer Zeit brachte das Zweite Vatikanische Konzil den Wunsch zum Ausdruck, dass die gebotene Achtsamkeit und Ehrfurcht gegenüber dem Gottesdienst wiederhergestellt und den Erfordernissen unserer Zeit angepasst werden sollte. Von diesem Wunsch geleitet, hat Unser Vorgänger

Papst Paul VI. die reformierten und zum Teil erneuerten liturgischen Bücher im Jahr 1970 für die lateinische Kirche approbiert; diese wurden überall auf der Erde in eine Vielzahl von Volkssprachen übersetzt und von den Bischöfen sowie von den Priestern und Gläubigen bereitwillig angenommen. Johannes Paul II. rekognoszierte die dritte Ausgabe („Editio typica") des Römischen Messbuchs. So haben die Päpste daran gearbeitet, dass „dieses ‚liturgische Gebäude' [...] in seiner Würde und Harmonie neu" erstrahlte.[4]

Andererseits hingen in manchen Gegenden durchaus nicht wenige Gläubige den früheren liturgischen Formen, die ihre Kultur und ihren Geist so grundlegend geprägt hatten, mit großer Liebe und Empfindung an und tun dies weiterhin; geleitet von der Hirtensorge für diese Gläubigen, gab Papst Johannes Paul II. im Jahr 1984 mit dem besonderen Indult „Quattuor abhinc annos", das die Kongregation für den Gottesdienst ausgearbeitet hatte, die Vollmacht zum Gebrauch des Römischen Messbuchs, das von Johannes XXIII. im Jahr 1962 herausgegeben worden war; im Jahr 1988 forderte Johannes Paul II. die Bischöfe mit dem als Motu proprio erlassenen Apostolischen Schreiben „Ecclesia Dei" erneut auf, diese Vollmacht weiterzig und großzügig zum Wohl aller Gläubigen, die darum bitten, anzuwenden.

Nachdem die inständigen Bitten dieser Gläubigen schon von Unserem Vorgänger Johannes Paul II. über längere Zeit hin abgewogen worden sind und Wir auch die Kardinäle in dem am 23. März 2006 abgehaltenen Konsistorium angehört haben und nachdem alles reiflich abgewogen worden ist, BESCHLIESSEN WIR, nach Anrufung des Heiligen Geistes und fest vertrauend auf die Hilfe Gottes, mit dem vorliegenden Apostolischen Schreiben Folgendes:

Art. 1. Das von Paul VI. promulgierte Römische Messbuch ist die ordentliche Ausdrucksform der „Lex orandi" der katholischen Kirche des lateinischen Ritus. Das vom heiligen

Pius V. promulgierte und vom seligen Johannes XXIII. neu herausgegebene Römische Messbuch hat hingegen als außerordentliche Ausdrucksform derselben „Lex orandi" der Kirche zu gelten; aufgrund seines verehrungswürdigen und alten Gebrauchs soll es sich der gebotenen Ehre erfreuen. Diese zwei Ausdrucksformen der „Lex orandi" der Kirche werden aber keineswegs zu einer Spaltung der „Lex credendi" der Kirche führen; denn sie sind zwei Anwendungsformen des einen Römischen Ritus.

Demgemäß ist es erlaubt, das Messopfer nach der vom seligen Johannes XXIII. promulgierten und niemals abgeschafften Editio typica des Römischen Messbuchs als außerordentliche Form der Liturgie der Kirche zu feiern. Die von den vorangegangenen Dokumenten „Quattuor abhinc annos" und „Ecclesia Dei" für den Gebrauch dieses Messbuchs aufgestellten Bedingungen aber werden wie folgt ersetzt:

Art. 2. In Messen, die ohne Volk gefeiert werden, kann jeder katholische Priester des lateinischen Ritus – sei er Weltpriester oder Ordenspriester – entweder das vom seligen Papst Johannes XXIII. im Jahr 1962 herausgegebene Römische Messbuch gebrauchen oder das von Papst Paul VI. im Jahr 1970 promulgierte, und zwar an jedem Tag mit Ausnahme des Triduum Sacrum. Für eine solche Feier nach dem einen oder dem anderen Messbuch benötigt der Priester keine Erlaubnis, weder vom Apostolischen Stuhl noch von seinem Ordinarius.

Art. 3. Wenn Gemeinschaften der Institute des geweihten Lebens und der Gesellschaften des apostolischen Lebens – seien sie päpstlichen oder diözesanen Rechts – es wünschen, bei der Konvents- bzw. „Kommunitäts"-Messe im eigenen Oratorium die Feier der heiligen Messe nach der Ausgabe des Römischen Messbuchs zu halten, die im Jahr 1962 promulgiert wurde, ist ihnen dies erlaubt. Wenn eine einzelne Gemeinschaft oder ein ganzes Institut bzw. eine ganze Gesellschaft solche Feiern oft, vorwiegend oder ständig begehen will, ist es Sache der höheren Oberen, nach der Norm des Rechts und gemäß der Gesetze und Partikularstatuten zu entscheiden.

Art. 4. Zu den Feiern der heiligen Messe, von denen oben in Art. 2 gehandelt wurde, können entsprechend dem Recht auch Christgläubige zugelassen werden, die aus eigenem Antrieb darum bitten.

Art. 5 § 1. In Pfarreien, wo eine Gruppe von Gläubigen, die der früheren liturgischen Tradition anhängen, dauerhaft existiert, hat der Pfarrer deren Bitten, die heilige Messe nach dem im Jahr 1962 herausgegebenen Römischen Messbuch zu feiern, bereitwillig aufzunehmen. Er selbst hat darauf zu achten, dass das Wohl dieser Gläubigen harmonisch in Einklang gebracht wird mit der ordentlichen Hirtensorge für die Pfarrei, unter der Leitung des Bischofs nach der Norm des Canon 392, wobei Zwietracht zu vermeiden und die Einheit der ganzen Kirche zu fördern ist.

§ 2. Die Feier nach dem Messbuch des seligen Johannes XXIII. kann an den Werktagen stattfinden; an Sonntagen und Festen kann indes ebenfalls *eine* Feier dieser Art stattfinden.

§ 3. Gläubigen oder Priestern, die darum bitten, hat der Pfarrer auch zu besonderen Gelegenheiten Feiern in dieser außerordentlichen Form zu gestatten, so z.B. bei Trauungen, Begräbnisfeiern oder Feiern aus bestimmtem Anlass wie etwa Wallfahrten.

§ 4. Priester, die das Messbuch des seligen Johannes XXII. gebrauchen, müssen dazu geeignet und dürfen nicht von Rechts wegen gehindert sein.

§ 5. In Kirchen, die weder Pfarr- noch Konventskirchen sind, ist es Sache des Kirchenrektors, eine Erlaubnis bezüglich des oben Genannten zu erteilen.

Art. 6. In Messen, die nach dem Messbuch des seligen Johannes XXIII. zusammen mit dem Volk gefeiert werden, können die Lesungen auch in der Volkssprache verkündet werden, unter Gebrauch der vom Apostolischen Stuhl rekognoszierten Ausgaben.

Art. 7. Wo irgendeine Gruppe von Laien vonseiten des Pfarrers nicht erhalten sollte, worum sie nach Art. 5 § 1 bittet, hat sie den Diözesanbischof davon in Kenntnis zu setzen. Der Bischof wird nachdrücklich ersucht, ihrem Wunsch zu entsprechen. Wenn er für eine Feier dieser Art nicht sorgen kann, ist die Sache der Päpstlichen Kommission „Ecclesia Dei" mitzuteilen.

Art. 8. Ein Bischof, der für Bitten dieser Art seitens der christgläubigen Laien Sorge tragen möchte, aber aus verschiedenen Gründen daran gehindert wird, kann die Sache der Päpstlichen Kommission „Ecclesia Dei" berichten, die ihm Rat und Hilfe zu geben hat.

Art. 9 § 1. Der Pfarrer kann – nachdem er alles wohl abgewogen hat – auch die Erlaubnis geben, dass bei der Spendung der Sakramente der Taufe, der Ehe, der Buße und der Krankensalbung das ältere Rituale verwendet wird, wenn das Heil der Seelen dies nahelegt.

§ 2. Den Bischöfen ist die Vollmacht gegeben, das Sakrament der Firmung nach dem alten Pontificale Romanum zu feiern, wenn das Heil der Seelen dies nahelegt.

§ 3. Die Priester und Diakone haben das Recht, auch das Römische Brevier zu gebrauchen, das vom seligen Johannes XXIII. im Jahr 1962 promulgiert wurde.

Art. 10. Der Ortsordinarius hat das Recht, wenn er es für ratsam hält, eine Personalpfarrei nach Norm des Canon 518 für die Feiern nach der älteren Form des römischen Ritus zu errichten oder einen Rektor bzw. Kaplan zu ernennen, entsprechend dem Recht.

Art. 11. Die Päpstliche Kommission „Ecclesia Dei", die von Johannes Paul II. im Jahr 1988 errichtet wurde[5], wird weiterhin ihre Aufgabe erfüllen.

Diese Kommission soll die Form, die Amtsaufgaben und die Handlungsnormen erhalten, mit denen der Papst sie ausstatten will.

Art. 12. Dieselbe Kommission wird über die Vollmachten hinaus, derer sie sich bereits erfreut, die Autorität des Heiligen Stuhles ausüben, indem sie über die Beachtung und Anwendung dieser Anordnungen wacht.

Alles aber, was von Uns durch dieses als Motu proprio erlassene Apostolische Schreiben beschlossen wurde, ist – so bestimmen Wir – gültig und rechtskräftig und vom 14. September dieses Jahres, dem Fest der Kreuzerhöhung, an zu befolgen, ungeachtet jeder anderen gegenteiligen Anordnung.

Gegeben zu Rom, bei Sankt Peter, am 7. Juli, im Jahr des Herrn 2007, dem dritten Jahr Unseres Pontifikats.

PAPST BENEDIKT XVI.

Anmerkungen

[1] *Grundordnung des Römischen Messbuchs*, 3. Auflage, 2002, Nr. 397.

[2] Papst Johannes Paul II., Apostolisches Schreiben *Vicesimus quintus annus* vom 4. Dezember 1988, Nr. 3: *AAS* 81 (1989) 899.

[3] *Ebd.*

[4] Hl. Papst Pius X., Apostolisches Schreiben Motu proprio *Abhinc duos annos* vom 23. Oktober 1913: *AAS* 5 (1913) 449–450; vgl. Papst Johannes Paul II., Apostolisches Schreiben *Vicesimus quintus annus*, Nr. 3: *AAS* 81 (1989) 899.

[5] Vgl. Papst Johannes Paul II., Apostolisches Schreiben Motu proprio *Ecclesia Dei* vom 2. Juli 1988, Nr. 6: *AAS* 80 (1988) 1498.

Brief des Heiligen Vaters PAPST BENEDIKT XVI. an die Bischöfe anlässlich der Publikation des Apostolischen Schreibens Motu proprio SUMMORUM PONTIFICUM über die römische Liturgie in ihrer Gestalt vor der 1970 durchgeführten Reform

Liebe Brüder im Bischofsamt,

hoffnungsvoll und mit großem Vertrauen lege ich den Text eines neuen als Motu proprio erlassenen Apostolischen Schreibens über den Gebrauch der römischen Liturgie in ihrer Gestalt vor der 1970 durchgeführten Reform in Eure Hände, die Hände der Hirten. Das Dokument ist Frucht langen Nachdenkens, vielfacher Beratungen und des Gebetes.

Nachrichten und Beurteilungen, die ohne ausreichende Kenntnis vorgenommen wurden, haben in nicht geringem Maße Verwirrung gestiftet. Es gibt sehr unterschiedliche Reaktionen, die von freudiger Aufnahme bis zu harter Opposition reichen und die sich auf ein Vorhaben beziehen, dessen Inhalt in Wirklichkeit nicht bekannt war.

Dem Dokument standen näherhin zwei Befürchtungen entgegen, auf die ich in diesem Brief etwas näher eingehen möchte.

An erster Stelle steht die Furcht, hier werde die Autorität des II. Vatikanischen Konzils angetastet und eine seiner wesentlichen Entscheidungen – die liturgische Reform – in Frage gestellt. Diese Befürchtung ist unbegründet. Dazu ist zunächst zu sagen, dass selbstverständlich das von Papst Paul VI. veröffentlichte und dann in zwei weiteren Auflagen von Johannes Paul II. neu herausgegebene Missale die normale Form – die *Forma ordinaria* – der Liturgie der heiligen Eucharistie ist und bleibt. Die letzte dem Konzil vorausgehende Fassung des *Missale Romanum*, die unter der Autorität von Papst Johannes XXIII. 1962 veröffentlicht und während des Konzils benützt wurde, kann demgegenüber als *Forma extraordinaria* der liturgischen Feier Verwendung finden. Es ist nicht angebracht, von diesen beiden Fassungen des Römischen Messbuchs als von „zwei Riten" zu sprechen. Es handelt sich vielmehr um einen zweifachen Usus ein und desselben Ritus.

Was nun die Verwendung des Messbuchs von 1962 als *Forma extraordinaria* der Messliturgie angeht, so möchte ich darauf aufmerksam machen, dass dieses Missale nie rechtlich abrogiert wurde und insofern im Prinzip immer zugelassen blieb. Im Augenblick der Einführung des neuen Messbuchs schien es nicht notwendig, eigene Normen für den möglichen Gebrauch des bisherigen Missale zu erlassen. Man ging wohl davon aus, dass es sich um wenige Einzelfälle handeln würde, die fallweise am jeweiligen Ort zu lösen seien. Dann zeigte sich aber bald, dass vor allem in Ländern, in denen die Liturgische Bewegung vielen Menschen eine bedeutende liturgische Bildung und eine tiefe innere Vertrautheit mit der bisherigen Form der liturgischen Feier geschenkt hatte, nicht wenige stark an diesem ihnen von Kindheit auf liebgewordenen Gebrauch des Römischen Ritus hingen. Wir wissen alle, dass in der von Erzbischof Lefèbvre angeführten Bewegung das Stehen zum alten Missale zum äußeren Kennzeichen wurde; die Gründe für die sich hier anbahnende Spaltung reichten freilich viel tiefer. Viele Menschen, die klar die Verbindlichkeit des II. Vaticanums annahmen und treu zum Papst und zu den Bischöfen standen, sehnten sich doch auch nach der ihnen vertrauten Gestalt der heiligen Liturgie, zumal das neue Missale vielerorts nicht seiner Ordnung getreu gefeiert, sondern geradezu als eine Ermächtigung oder gar als Verpflichtung zur „Kreativität" aufgefasst wurde, die oft zu kaum erträglichen Entstellungen der Liturgie führte. Ich spreche aus Erfahrung, da ich diese Phase in all ihren Erwartungen und Verwirrungen miterlebt habe. Und ich habe gesehen, wie tief Menschen, die ganz im Glauben der Kirche verwurzelt waren, durch die eigenmächtigen Entstellungen der Liturgie verletzt wurden.

So sah sich Papst Johannes Paul II. veranlasst, mit dem Motu proprio *Ecclesia Dei* vom 2. Juli 1988 eine Rahmennorm für den Gebrauch des Missale von 1962 zu erlassen, die freilich keine Einzelbestimmungen enthielt, sondern grundsätzlich an den Großmut der Bischöfe gegenüber den „gerechtfertigten Wünschen" derjenigen Gläubigen appellierte, die um diesen Usus des Römischen Ritus baten. Der Papst hatte damals besonders auch der „Priester-Bruderschaft des heiligen Pius X." helfen wollen, wieder die volle Einheit mit dem Nachfolger Petri zu finden, und hatte so eine immer schmerzlicher empfundene Wunde in der Kirche zu heilen versucht. Diese Versöhnung ist bislang leider nicht geglückt, aber eine Reihe von Gemeinschaften machten dankbar von den Möglichkeiten dieses Motu proprio Gebrauch. Schwierig blieb dagegen die Frage der Verwendung des Missale von 1962 außerhalb dieser Gruppierungen, wofür genaue rechtliche Formen fehlten, zumal die Bischöfe dabei häufig fürchteten, die Autorität des Konzils werde hier in Frage gestellt. Hatte man unmittelbar nach dem Ende des II. Vaticanums annehmen können, das Verlangen nach dem Usus von 1962 beschränke sich auf die ältere Generation, die damit aufgewachsen war, so hat sich inzwischen gezeigt, dass junge Menschen diese liturgische Form entdecken, sich von ihr angezogen fühlen und hier eine ihnen besonders gemäße Form der Begegnung mit dem Mysterium der heiligen

Eucharistie finden. So ist ein Bedarf nach klarer rechtlicher Regelung entstanden, der beim Motu proprio von 1988 noch nicht sichtbar war; diese Normen beabsichtigen, gerade auch die Bischöfe davon zu entlasten, immer wieder neu abwägen zu müssen, wie auf die verschiedenen Situationen zu antworten sei.

Als zweites wurde in den Diskussionen über das erwartete Motu proprio die Befürchtung geäußert, eine erweiterte Möglichkeit zum Gebrauch des Missale von 1962 werde zu Unruhen oder gar zu Spaltungen in den Gemeinden führen. Auch diese Sorge scheint mir nicht wirklich begründet zu sein. Der Gebrauch des alten Missale setzt ein gewisses Maß an liturgischer Bildung und auch einen Zugang zur lateinischen Sprache voraus; das eine wie das andere ist nicht gerade häufig anzutreffen. Schon von diesen konkreten Voraussetzungen her ist es klar, dass das neue Messbuch nicht nur von der rechtlichen Normierung, sondern auch von der tatsächlichen Situation der gläubigen Gemeinden her ganz von selbst die *Forma ordinaria* des Römischen Ritus bleibt.

Es ist wahr, dass es nicht an Übertreibungen und hin und wieder an gesellschaftlichen Aspekten fehlt, die in ungebührender Weise mit der Haltung jener Gläubigen in Zusammenhang stehen, die sich der alten lateinischen liturgischen Tradition verbunden wissen. Eure Liebe und pastorale Klugheit wird Anreiz und Leitbild für eine Vervollkommnung sein. Im Übrigen können sich beide Formen des Usus des Ritus Romanus gegenseitig befruchten: Das alte Messbuch kann und soll neue Heilige und einige der neuen Präfationen aufnehmen. Die Kommission *Ecclesia Dei* wird im Kontakt mit den verschiedenen Institutionen die sich dem *usus antiquior* widmen, die praktischen Möglichkeiten prüfen. In der Feier der Messe nach dem Missale Pauls VI. kann stärker, als bisher weithin der Fall ist, jene Sakralität erscheinen, die viele Menschen zum alten Usus hinzieht. Die sicherste

Gewähr dafür, dass das Missale Pauls VI. die Gemeinden eint und von ihnen geliebt wird, besteht im ehrfürchtigen Vollzug seiner Vorgaben, der seinen spirituellen Reichtum und seine theologische Tiefe sichtbar werden lässt.

Damit bin ich bei dem positiven Grund angelangt, der mich veranlasst hat, mit diesem Motu proprio dasjenige von 1988 fortzuschreiben. Es geht um eine innere Versöhnung in der Kirche. In der Rückschau auf die Spaltungen, die den Leib Christi im Lauf der Jahrhunderte verwundet haben, entsteht immer wieder der Eindruck, dass in den kritischen Momenten, in denen sich die Spaltung anbahnte, vonseiten der Verantwortlichen in der Kirche nicht genug getan worden ist, um Versöhnung und Einheit zu erhalten oder neu zu gewinnen; dass Versäumnisse in der Kirche mit schuld daran sind, dass Spaltungen sich verfestigen konnten. Diese Rückschau legt uns heute eine Verpflichtung auf, alle Anstrengungen zu unternehmen, um all denen das Verbleiben in der Einheit oder das neue Finden zu ihr zu ermöglichen, die wirklich Sehnsucht nach Einheit tragen. Mir kommt da ein Wort aus dem zweiten Korintherbrief in den Sinn, wo Paulus den Korinthern sagt: „Unser Mund hat sich für euch aufgetan, Korinther, unser Herz ist weit geworden. In uns ist es nicht zu eng für euch; eng ist es in eurem Herzen. Lasst doch als Antwort darauf … auch euer Herz weit aufgehen!" (2 *Kor* 6,11–13). Paulus sagt das in anderem Zusammenhang, aber sein Anruf kann und soll uns gerade auch in dieser Sache berühren. Machen wir unser Herz weit auf, und lassen wir all dem Raum, wozu der Glaube selbst Raum bietet.

Es gibt keinen Widerspruch zwischen der einen und der anderen Ausgabe des Missale Romanum. In der Liturgiegeschichte gibt es Wachstum und Fortschritt, aber keinen Bruch. Was früheren Generationen heilig war, bleibt auch uns heilig und groß; es kann nicht plötzlich rundum verboten oder gar schädlich sein. Es tut uns allen gut, die Reichtümer zu wahren, die im Glauben und Beten der Kirche gewachsen sind und ihnen ihren rechten Ort zu geben. Um die volle *communio* zu leben, können die Priester, die den Gemeinschaften des alten Usus zugehören, selbstverständlich die Zelebration nach den neuen liturgischen Büchern im Prinzip nicht ausschließen. Ein völliger Ausschluss wäre nämlich nicht in Übereinstimmung mit der Anerkennung des Wertes und der Heiligkeit des Ritus in seiner erneuerten Form.

Abschließend, liebe Mitbrüder, liegt mir daran zu betonen, dass diese neuen Bestimmungen in keiner Weise Eure Autorität und Verantwortlichkeit schmälern, weder hinsichtlich der Liturgie noch was die Seelsorge an Euren Gläubigen anbelangt. In der Tat steht jedem Bischof das Recht zu, in der eigenen Diözese die Liturgie zu ordnen (vgl. *Sacrosanctum Concilium*, Nr. 22: „Sacrae Liturgiae moderatio ab Ecclesiae auctoritate unice pendet quae quidem est apud Apostolicam Sedem et, ad normam iuris, apud Episcopum").

Nichts wird folglich der Autorität des Bischofs weggenommen, dessen Aufgabe in jedem Fall jene bleibt, darüber zu wachen, dass alles friedlich und sachlich geschieht. Sollten Probleme auftreten, die der Pfarrer nicht zu lösen imstande ist, kann der Ordinarius immer eingreifen, jedoch in völliger Übereinstimmung mit den im Motu proprio festgelegten neuen Bestimmungen.

Außerdem lade ich Euch, liebe Mitbrüder, hiermit ein, drei Jahre nach dem Inkrafttreten des Motu proprio dem Heiligen Stuhl über Eure Erfahrungen Bericht zu erstatten. Wenn dann wirklich ernsthafte Schwierigkeiten aufgetreten sein sollten, können Wege gesucht werden, um Abhilfe zu schaffen.

Liebe Brüder, dankbar und zuversichtlich vertraue ich Eurem Hirtenherzen diese Seiten und die Bestimmungen des Motu proprio an. Seien wir stets eingedenk der Worte des Apostels Paulus, die er an die Ältesten von Ephesus gerichtet hat: „Gebt acht auf euch und auf die ganze Herde, in der euch der Heilige Geist zu Bischöfen bestellt hat, damit ihr als Hirten für die Kirche Gottes sorgt, die er sich durch das Blut seines eigenen Sohnes erworben hat" (*Apg* 20,28).

Der mächtigen Fürsprache Mariens, der Mutter der Kirche, vertraue ich diese neuen Bestimmungen an und erteile Euch, liebe Mitbrüder, den Pfarrern in Euren Diözesen und allen Priestern, die Eure Mitarbeiter sind, sowie allen Euren Gläubigen von Herzen meinen Apostolischen Segen.

Gegeben zu Sankt Peter, am 7. Juli 2007

PAPST BENEDIKT XVI.

Apostolisches Schreiben Motu proprio Summorum Pontificum
Leitlinien für die deutschen Diözesen

Am 14. 09. 2007 ist das Apostolische Schreiben *Summorum Pontificum* in Kraft getreten. In diesem Motu proprio, dessen Veröffentlichung Papst Benedikt XVI. mit einem Brief an die Bischöfe begleitet hat, werden die Rahmenbedingungen für die Feier der Heiligen Messe nach dem von Papst Johannes XXIII. promulgierten *Missale Romanum* als außerordentliche Form der Liturgie der Kirche festgelegt. Beide Texte liegen in der vom Sekretariat der Deutschen Bischofskonferenz herausgegebenen Reihe „Verlautbarungen des Apostolischen Stuhls" (Nr. 178) vor.

In Wahrnehmung ihrer Autorität und Verantwortung für die Liturgie, an die der Heilige Vater unter Bezug auf das II. Vatikanische Konzil (*Sacrosanctum Concilium* 22) in seinem Begleitbrief (S. 26) erinnert, haben die Bischöfe für den Bereich der deutschen Diözesen in der Herbst-Vollversammlung vom 24. bis 27. September 2007 für die *Messfeiern in den Pfarrgemeinden* die folgenden Leitlinien vereinbart. Diese sollen dazu beitragen, dass die Gläubigen, die in ihrer religiösen Haltung der älteren Form der Liturgie verbunden sind, einen Zugang zu Messfeiern in der außerordentlichen Form erhalten sollen, soweit dies im Rahmen der vorhandenen Möglichkeiten realisierbar ist.

1. Die Möglichkeit zur Messfeier in der außerordentlichen Form muss vom Prinzip der Harmonie zwischen dem Interesse und Wohl der antragstellenden Gläubigen und der ordentlichen Hirtensorge für die Pfarrei unter der Leitung des Bischofs getragen sein. Die Zulassung der au-

ßerordentlichen Form darf nicht bestehende Spannungen verstärken oder gar neue Spaltungen hervorrufen (vgl. *SP* Art. 5 § 1).

2. Die ordentliche Form der Messfeier ist die nach dem *Missale Romanum* 1970 (in der Fassung der *Editio typica tertia* 2002 und – bis zum Erscheinen der deutschen Ausgabe der 3. Auflage – das Messbuch für die Bistümer des deutschen Sprachgebiets 2. Auflage 1988). Für die außerordentliche Form der Messfeier ist das *Missale Romanum* 1962 (z.B. *Editio juxta typicam* Regensburg 1962, mit den Diözesanproprien) zu verwenden (vgl. *SP* Art. 1).

3. Die Pfarrgottesdienste werden in der ordentlichen Form gefeiert. An Sonntagen kann *eine* Messe in der außerordentlichen Form hinzutreten, nicht jedoch die Messe in der ordentlichen Form ersetzen (vgl. *SP* Art. 5 § 2).

4. Den Antrag auf Genehmigung durch den Pfarrer (gem. *SP* Art. 5 § 1) können Gruppen von Laien (vgl. *SP* Art. 7) innerhalb *einer* Pfarrei bzw. innerhalb eines Pfarrverbands oder einer Seelsorgeeinheit, die unter Leitung *eines* Pfarrers steht, stellen. Wenn Gruppen aus Mitgliedern verschiedener Pfarreien bzw. Pfarrverbänden oder Seelsorgeeinheiten bestehen, ist der Antrag an den Diözesanbischof zu richten.

5. Über Art und Größe der antragstellenden Gruppen wird keine Festlegung getroffen, um den örtlichen Gegebenheiten angemessen entsprechen zu können.

6. Die notwendige Eignung der Priester für die Zelebration in der außerordentlichen Form des Ritus (vgl. *SP* Art. 5 § 4) umfasst folgende Anforderungen:
   - Allgemeine Eignung, die jeder Priester besitzen muss;
   - Annahme der ganzen Liturgie der Kirche in ihrer ordentlichen und außerordentlichen Form (vgl. Begleitschreiben von Papst Benedikt XVI.);

- Vertrautheit mit der außerordentlichen Form des Ritus;
- lateinische Sprachkenntnisse.

Zur Erlangung der Vertrautheit mit der außerordentlichen Form des Ritus und zum Erwerb der erforderlichen Sprachkenntnisse werden die Diözesanbischöfe nach Bedarf Angebote zur Fort- und Weiterbildung bereitstellen.

7. Der Pfarrer bzw. Rektor einer Kirche ist, auch wenn er die Eignung besitzt, nicht verpflichtet, selbst nach dem *Missale Romanum* 1962 zu zelebrieren. Wenn er sich wegen seiner dienstlichen Belastungen oder aus persönlichen Gründen außerstande sieht, dem Anliegen der Gläubigen selbst zu entsprechen, wird er sich an den Diözesanbischof wenden. Das Recht der Gläubigen hierzu (*SP* Art. 7) bleibt davon unberührt.

8. Für die Feier der Messe in der außerordentlichen Form gelten der Kalender und die Leseordnung des *Missale Romanum* 1962. Zu beachten sind zu gegebener Zeit die angekündigten Erweiterungen des Kalenders durch die Kommission *Ecclesia Dei*. Für den Vortrag der Lesungen in der Volkssprache (vgl. *SP* Art. 6) sind die Perikopen aus dem rekognoszierten Lektionar zum *Messbuch für die Bistümer des deutschen Sprachgebiets* 1988 zu entnehmen. Alternativ kann auch der „Schott" 1962 verwendet werden.

9. Vom Recht zur Errichtung von Personalpfarreien für die Feier in der außerordentlichen Form des römischen Ritus (*SP* Art. 10) werden die deutschen Diözesanbischöfe bis auf weiteres keinen Gebrauch machen.

10. Als Grundlage für den nach drei Jahren zu erstattenden Bericht über die Erfahrungen mit den Regelungen des *Motu proprio* (vgl. Begleitbrief von Papst Benedikt XVI.) hat der Pfarrer bzw. Rektor, wenn er in seiner Pfarrei bzw. Kirche die Genehmigung zur Messfeier in der außerordentlichen Form erteilt, dem Diözesanbischof hiervon Mitteilung zu machen. Pfarrer und Rektoren, in

deren Pfarreien bzw. Kirchen Messfeiern in der außerordentlichen Form stattfinden, haben den Diözesanbischof kontinuierlich über die Entwicklung zu informieren.

Diese Leitlinien treten am 01.10.2007 in Kraft und werden nach Ablauf eines Jahres überprüft.

Fulda, den 27.09.2007   Für das (Erz-)Bistum ....

....

(Erz-) Bischof

Bischöfliche Stellungnahmen

Erklärung des Vorsitzenden der Deutschen Bischofskonferenz, Karl Kardinal Lehmann, zum Motu Proprio „Summorum Pontificum" von Papst Benedikt XVI. vom 7. Juli 2007

Am 7. Juli 2007 hat Papst Benedikt XVI. das *Motu Proprio* „Summorum Pontificum" unterzeichnet. Es behandelt den Gebrauch der Römischen Liturgie in ihrer Gestalt vor der Reform der Messliturgie, die 1970 nach dem Zweiten Vatikanischen Konzil erfolgte.

Die Äußerungen des Papstes waren seit Monaten erwartet worden. Die vielen Nachrichten und Vermutungen haben für die Rezeption zwar Aufmerksamkeit und ein hohes Interesse, aber auch ein Klima der Mutmaßungen geschaffen. Jetzt sind die Dokumente endlich da. Auf sie kommt es an. Die folgenden Ausführungen wollen eine erste Hinführung sein, um den Hintergrund und die Zielsetzung der Äußerungen des Heiligen Vaters zu skizzieren.

Mit dem Schreiben erweitert der Heilige Vater die schon bislang bestehende Möglichkeit, die Liturgie nach dem früheren Missale zu feiern, die Papst Johannes Paul II. zuletzt im *Motu Proprio* „Ecclesia Dei" von 1988 geordnet hatte. So tritt neben die „ordentliche Form" des römischen Ritus, die sich in den nachkonziliar erneuerten Messbüchern findet, eine „außerordentliche Form", die dem älteren römischen Missale folgt, das nach dem Konzil von Trient erarbeitet und zuletzt im Jahr 1962 herausgegeben wurde. Der Heilige Vater reagiert damit auf entsprechende inständige Bitten und will so denen großherzig entgegen kommen, die sich von der älteren Form der Messliturgie angezogen fühlen.

Mit seiner liturgischen Initiative möchte Papst Benedikt

auch einen Beitrag zur Versöhnung in der Kirche leisten. In einem begleitenden Schreiben an die Bischöfe erinnert der Papst mit Recht an die Notwendigkeit, „alle Anstrengungen zu unternehmen, um all denen das Verbleiben in der Einheit oder das neue Finden zu ihr zu ermöglichen, die wirklich Sehnsucht nach Einheit tragen." Nachdrücklich unterstützen die deutschen Bischöfe dieses Anliegen und hoffen, dass das neue *Motu Proprio* und seine rechtlichen Bestimmungen eine Hilfe sind, die volle Einheit mit jenen herzustellen, die sich aufgrund der liturgischen Entwicklungen nach dem Zweiten Vatikanischen Konzil von der Gemeinschaft mit dem Papst getrennt haben.

Schon seit längerer Zeit wurde allerdings die Befürchtung geäußert, eine erweiterte Zulassung der älteren Form der Liturgie wäre eine Kritik am Zweiten Vatikanischen Konzil und ein Rückfall hinter die von ihm angeordnete Liturgiereform. Wer jedoch die neuen Dokumente aufmerksam liest, wird schnell merken, dass der Papst weder die Entscheidungen des Konzils noch die Gültigkeit der Liturgiereform selbst in Frage stellt. In seinem Begleitschreiben wird vielmehr deutlich, dass niemand, der die volle Gemeinschaft mit der Kirche leben will, die Zelebration nach den erneuerten liturgischen Büchern prinzipiell ausschließen darf. So geht es dem Papst also darum, einzelnen Priestern und dauerhaft existierenden Gruppen, die sich der älteren Gestalt der Liturgie verbunden fühlen, den Zugang dazu großzügig zu erweitern. Doch folgt die Feier der Gemeindegottesdienste prinzipiell weiterhin der ordentlichen Form des römischen Ritus und damit den erneuerten liturgischen Büchern.

Die Kongregation für den Gottesdienst hatte erstmals 1984 den Bischöfen im Sinne eines „Indultes" (rechtliche Ausnahmeentscheidung) die Vollmacht gegeben, unter bestimmten Voraussetzungen die Messfeier nach dem Missale Romanum von 1962 zu erlauben. In Anwendung dieser Bestimmungen haben die deutschen Bischöfe in den vergangenen Jahrzehnten nach Möglichkeit entsprechende Bitten erfüllt. Bei einer Umfrage in den deutschen Bistümern konnten sie noch im vergangenen Jahr feststellen, dass im Großen und Ganzen der Bedarf an Messfeiern nach dem Missale Romanum von 1962 abgedeckt wird. Es wird sich zeigen müssen, wo darüber hinaus feste Gruppen existieren, die jetzt gemäß den Bestimmungen des *Motu Proprio* um eine Messfeier nach der außerordentlichen Form des römischen Ritus bitten.

Mit solchen Bitten werden Bischöfe und Pfarrer in Klugheit umgehen, damit nicht durch die pastorale Sorge um eine begrenzte und bestimmte Gruppe von Gläubigen die legitimen Anliegen der Gesamtgemeinde zu kurz kommen oder gar Streit und Zwietracht entstehen. Dabei ist zu beachten, dass die Messfeier nach dem Missale Romanum von 1962 nur entsprechend geeigneten Priestern erlaubt ist. Sofern ein Pfarrer nicht in der Lage ist, den berechtigten Wünschen dauerhaft existierender Gruppen nach einer Messfeier in der außerordentlichen Form nachzukommen, wird er sich deshalb mit dem Ortsbischof verständigen, ob und auf welche Weise die Bitte erfüllt werden kann.

Der Begleitbrief des Heiligen Vaters zeigt die tieferen Beweggründe des *Motu Proprio.* Zwischen der Edition des Römischen Messbuches von 1962 und seiner erneuten Reform nach dem Zweiten Vatikanischen Konzil gibt es keinen „Bruch", wie es vereinzelt behauptet wird. Es gibt keinen Graben zwischen „vorkonziliar" und „nachkonziliar". Vielmehr besteht eine Kontinuität der Entwicklung, die freilich nicht immer genügend zur Geltung gebracht wurde. Joseph Kardinal Ratzinger, heute Papst Benedikt XVI., hat nie einen Zweifel daran gelassen, dass das Messbuch Pauls VI. „in vielem eine wirkliche Verbesserung und Bereicherung brachte" (Aus meinem Leben, Stuttgart 1998, 173 und 189). Dem Papst kommt es auf das lebendige Wachsen und so bei allen

Unterschieden und Einschnitten auf die Einheit der Liturgiegeschichte an. Benedikt XVI. ist überzeugt, dass diese Sicht der Dinge auch den Weg zur Einheit und zur Versöhnung in der Kirche darstellt. Eine einfache Rückkehr zum Alten ist auch für den Papst keine Lösung. Er verlangt von allen Seiten tiefere Einsicht und eine spirituell verwurzelte Bewegung hin auf die gemeinsame Sache und darum auch zueinander. Dafür ist für alle eine Erneuerung der liturgischen Bildung notwendig.

In seinem Begleitbrief zum *Motu Proprio* „Summorum Pontificum" schreibt Papst Benedikt XVI.: „Die sicherste Gewähr dafür, dass das Missale Pauls VI. die Gemeinden eint und von ihnen geliebt wird, besteht im ehrfürchtigen Vollzug seiner Vorgaben, der seinen spirituellen Reichtum und seine theologische Tiefe sichtbar werden lässt." In der Tat bedarf die liturgische Erneuerung beständiger Bemühungen, die Liturgie der Kirche und vor allem die heilige Messe mit Ehrfurcht vor dem Heiligen und in kirchlichem Geist zu feiern. Immer wieder haben die Bischöfe dieses Anliegen in den vergangenen Jahren aufgegriffen (vgl. besonders das Pastorale Schreiben „Mitte und Höhepunkt des ganzen Lebens der christlichen Gemeinde" vom 24. Juni 2003, Bonn 2003). Auch wo kein Bedarf nach liturgischen Feiern nach dem Missale von 1962 besteht, ist deshalb das neue *Motu Proprio* ein guter Anlass, mit neuer Aufmerksamkeit eine würdige Feier der Eucharistie und der anderen Gottesdienste zu fördern.

Die Bestimmungen des *Motu Proprio* erhalten am 14. September 2007 Rechtskraft. Die deutschen Bischöfe werden sich in ihren nächsten Sitzungen, beim Ständigen Rat am 27. August und besonders der Vollversammlung vom 24. bis 27. September 2007 in Fulda, intensiv mit dem *Motu Proprio* und dem Begleitbrief des Heiligen Vaters im Blick auf die Verwirklichung im kirchlichen Bereich unseres Landes befassen.
München/Bonn/Mainz, 7. Juli 2007

Brief des Bischofs von Aachen, Heinrich Mussinghoff, an die pastoralen Mitarbeiterinnen und Mitarbeiter im Bistum Aachen vom 7. Juli 2007

Liebe Mitbrüder im priesterlichen und diakonalen Amt!
Liebe Mitarbeiterinnen und Mitarbeiter im pastoralen Dienst!

I.

Unser Heiliger Vater Papst Benedikt XVI. hat am 7. Juli 2007 ein Apostolisches Schreiben „Summorum Pontificum" motu proprio veröffentlicht, in dem er die Feier der hl. Messe nach dem Messbuch des sel. Papstes Johannes XXIII. von 1962 freigibt. Es ist seine Absicht, den Schatz der liturgischen Tradition der Kirche weit zu öffnen und den Menschen, die die traditionelle tridentinische Messe lieben, die Feier in dieser Form zu ermöglichen. Der Papst ist sehr besorgt, dass über diese Freigabe der tridentinischen Messe kein neuer Streit entsteht, sondern die neue Möglichkeit erkannt und ergriffen wird, Menschen, die die alte Tradition lieben, mit der Kirche zu versöhnen. Er bittet sehr um ein friedfertiges Aufnehmen und Umgehen mit dieser Möglichkeit. Sie wissen, dass Papst Benedikt XVI. selbst diese Form der Messe liebt. Ich habe nach Weihnachten noch einmal die alte Eucharistie-Vorlesung des jungen Professors Ratzinger gelesen (SS 1963 in Münster) und dabei gespürt, wie kostbar und wertvoll ihm diese geistliche Tradition ist. Der Papst spricht davon, dass das Dokument die „Frucht langen Nachdenkens, vielfacher Betrachtungen und des Gebetes" sei. Neben dem Messbuch von 1962 erlaubt der Papst auch in gleicher Weise den Gebrauch der alten Rituale für die Spendung der übrigen Sakramente und heiligen Handlungen sowie des alten Breviers. Wenn der Papst uns bittet, dann wollen wir in Respekt vor seinem Amt und in Würdigung seiner guten Absicht den neuen Regeln folgen. Diese Regeln können Sie dem Apostolischen Schreiben (siehe Anlage) entnehmen.

Die Eucharistiefeier nach dem Messbuch Papst Paul VI. bleibt die forma ordinaria des römischen Messritus, die Messe nach dem Messbuch Papst Johannes XXIII. von 1962 wird eine forma extraordinaria oder eine expressio extraordinaria der „lex orandi" der Kirche genannt.

Man kann nicht von zwei Fassungen des Missale Romanum sprechen, als wären sie „zwei Riten". Vielmehr handelt es sich eher um eine zweifache Anwendung ein- und desselben Ritus. Es gibt auch keinen „Bruch" in der liturgischen Entwicklung der römischen Messliturgie, wie es die Bruderschaft Papst Pius X. und die Lefèbvre-Bewegung sieht, sondern ist eine kontinuierliche Entwicklung.

Die Konstitution über die heilige Liturgie „Sacrosanctum Concilium" vom 4.12.1963 und die durch Papst Paul VI. getreu den Beschlüssen der Konzilsväter durchgeführte Konzilsreform wollte den Schatz der Heiligen Schrift den Gläubigen öffnen und zugänglicher machen, erlaubte den Gebrauch der Volkssprachen, regte die aktive Teilnahme der Gläubigen an, wollte die Riten verständlicher und durchschaubarer machen und den Messritus von Überwucherungen späterer Zeiten befreien. Es darf nicht verkannt werden, dass bei der Durchführung dieser Liturgiereform nicht Wenige eigenmächtig die Liturgie änderten und experimentierten, so dass auch Gegenbewegungen entstanden, die an der alten vertrauten Messliturgie festhalten wollten. Der Papst will nicht hinter das Konzil zurückgehen, aber lässt spüren, dass vielleicht nicht alles so geordnet wurde, wie es den Intentionen der Konzilsväter entsprach, und viele Gläubige den raschen Veränderungsprozessen nicht folgen konnten. Denen möchte der Papst durch einen Akt der Versöhnung ein friedvolles liturgisches Leben ermöglichen. Das Messbuch Papst Paul VI. werde schon aufgrund der Volkssprache und des weitgehenden Fehlens einer guten Kenntnis der lateinischen Sprache die „ordentliche Form" der Messe bleiben, so der Papst. Aber die Freunde der älteren Liturgie dürften auch, wo es möglich sei, in der „außerordentlichen Form" die eine Messe des römischen Ritus feiern. Denn beide Formen seien authentischer Ausdruck des Glaubens der Kirche. Es ist meine Überzeugung, dass wir bei kluger Beachtung der Worte des Heiligen Vaters eine friedvolle Weise des Gebrauchs der beiden Messformen finden können. Die durch das Apostolische Schreiben zugelassene Möglichkeit muss nicht zu Streit und Spaltung in den Gemeinden führen; wenn wir genügend Gelassenheit und Toleranz mitbringen, wird es den Frieden und die Eintracht in unseren Gemeinden nicht stören.

II.

[Hier folgen die einzelnen Normen des *Motu proprio.* Vgl. den Originaltext in diesem Band.]

III.

Diese Normen verlangen zunächst einige Klarstellungen.

1. Jeder Priester kann für Privatmessen (ohne Volk) selbst entscheiden, welche Form der Messfeier er wählt, außer beim Triduum Sacrum. Er kann Gläubige zu dieser Zelebration zulassen, die spontan darum bitten. Hier ist zu beachten, dass nicht spontane Bitten angeregt werden und faktisch eine Messe für die Gemeinde oder für eine

feste Gruppe (coetus stabilis) von Gläubigen eingerichtet wird.

2. Die Ordensleute können bei Konvents- oder Kommunitätsmessen die Form der Messe von 1962 wählen. Wird das eine häufige, ständige und feste Einrichtung, entscheiden die höheren Ordensoberen.

3. Dem Pfarrer obliegt die Entscheidung, wenn eine feste Gruppe (coetus stabilis) um die „alte Messe" bittet. Hier fehlt eine zahlenmäßige Festlegung. Der Pfarrer hat in Abwägung des Heils der Seelen und der ordentlichen und geordneten Seelsorge zu entscheiden. Hier gibt es für unsere Verhältnisse in der Gemeinschaft der Gemeinden nicht unerhebliche Probleme, vor allem an Sonn- und Feiertagen. Gemäß Kirchenrecht (can. 905) ist dem Priester nur die Zelebration von drei Messen an Sonn- und Feiertagen erlaubt. Hat er z.B. sechs Pfarreien bzw. Seelsorgestellen und kann nur in drei Pfarrkirchen die hl. Messe feiern, während in den anderen drei Pfarren Wort-Gottes-Feiern gehalten werden, wird er die Messfeier in der außerordentlichen Form ablehnen müssen. Wenn es Schwierigkeiten gibt, kann die Gruppe der Gläubigen dem Diözesanbischof die Sache vortragen. Bei Kirchen und Kapellen, die nicht Pfarrkirchen sind, ist der Rektor der Kirche zuständig.

4. Der Papst betont in seinem Begleitschreiben, dass die Kompetenz des Bischofs zur Ordnung der Liturgie in seinem Bistum nicht eingeschränkt werden soll (can. 392; Sacrosanctum Concilium 22: „Das Recht, die heilige Liturgie zu ordnen, steht einzig der Autorität der Kirche zu. Diese Autorität liegt beim Apostolischen Stuhl und nach Maßgabe des Rechts beim Bischof.") Der Bischof prüft, ob eine Zelebration nach dem Messbuch von 1962 möglich ist oder möglich gemacht werden kann oder ob die konkrete Bitte nicht erfüllt werden kann. Bei negativer

Antwort soll er die Sache der Päpstlichen Kommission „Ecclesia Dei" vortragen, die ihm Rat und Hilfe geben soll. Hiermit ist geklärt, dass der Diözesanbischof die letzte Entscheidung hat (wenn nicht der Papst die Entscheidung an sich zieht oder die Kommission „Ecclesia Dei" damit beauftragt).

5. Die Päpstliche Kommission „Ecclesia Dei", 1988 von Papst Johannes Paul II. errichtet, behält ihre bisherige Funktion und überwacht die Durchführung des Apostolischen Schreibens Motu proprio. (Das Apostolische Schreiben „Ecclesia Dei" von 1988 löst das Spezialindult der Kongregation für den Gottesdienst „Quattuor abhinc annos" von 1984 ab, das eine Brücke der Versöhnung mit der Lefèbvre-Bewegung sein wollte.) Der Papst ordnet nach drei Jahren eine Auswertung der Auswirkungen des Apostolischen Schreibens an, damit eventuell auftretende Fragen gelöst werden können.

IV.

Eine Reihe von Fragen bleiben aber im Text des Motu proprio noch ungeklärt:

1. Es gibt keine nähere Bestimmung, was als eine feste Gruppe (coetus stabilis) anzusehen ist. Wie kann man verhindern, dass sich esoterische Zirkel bilden, die auch in theologischen Fragen Sonderwege gehen. Müsste eine solche Gruppe nicht Grundkenntnisse in der lateinischen Sprache haben?

2. Art. 5 § 4 fordert, dass ein Priester, der die Messe nach dem Missale von 1962 feiert, geeignet (idoneus) sein muss und rechtlich nicht behindert sein darf. Das schließt alle Priester aus, die nicht in voller Gemeinschaft mit der Kirche stehen oder suspendiert sind. Bei der Eignung muss man fragen, welches Maß an Kenntnis der lateinischen

Sprache er haben muss und ob er die rituellen Vorschriften für die Zelebration dieser Messe kennt. Viele unserer Priester haben keine aktive Kenntnis der lateinischen Sprache mehr. Nur wenige kennen noch die alten Vorschriften.

3. Zwar können bei der hl. Messe Papst Johannes XXIII. die Lesungen in deutscher Sprache genommen werden. Aber was gilt für die Leseordnung in diesen Messen? Muss die alte Leseordnung von 1962 zugrunde gelegt werden? Dafür gibt es keine Bücher mehr. Welcher Kalender gilt für das Kirchenjahr, der neue oder der alte? Oder haben wir demnächst zwei unterschiedliche Kalender und unterschiedliche Festdaten? Die „alte Messe" wurde in Richtung auf den Osten (Sonnenaufgang, wiederkehrender Herr) und mit dem Rücken zum Volk gelesen. Ist mit der Einführung der außerordentlichen Form der Messe die Zelebrationsrichtung erneut geändert? Was bedeutet das für die Gestaltung des Altarraums?

Das sind einige zufällig herausgegriffene Fragen, die nach Durchführungsverordnungen rufen.

V.

Juden haben besorgte Fragen gestellt. In einer Stellungnahme des Gesprächskreises „Juden und Christen" beim Zentralkomitee der deutschen Katholiken von Ostern/Pessach 2007 wird durch die Wiedereinführung der tridentinischen Messe eine Störung der christlich-jüdischen Beziehungen befürchtet. Kardinalstaatssekretär Bertone hat am 6.6.2007 beruhigend geantwortet, dass mit dem neuen Moto proprio der Gebrauch des Missale von 1962 nicht wesentlich erweitert werde; im Grunde beabsichtige das Dokument nur, die bestehenden rechtlichen Normen zu vereinfachen und ihnen Klarheit zu verleihen. „Während des österlichen Triduums kann auch nach dem neuen Motu proprio in den Pfarreien ausschließlich das von Papst Paul VI. seligen Angedenkens promulgierte Messbuch verwendet werden. In den von der Päpstlichen Kommission ‚Ecclesia Dei' abhängigen Gemeinschaften wird seit 1988 das Missale des sel. Johannes XXIII. benutzt. Bekanntlich hatte dieser Papst die Formel ‚pro perfidis Judaeis' bereits abgeschafft. Was das österliche Triduum betrifft, ändert sich also absolut nichts mit dem neuen Motu proprio."

Letzteres stimmt, aber die Fürbitte ist überschrieben „pro conversione Judaeorum" und ist ein Aufruf und Gebet zur Bekehrung der Juden. Kann das Bestand haben, wenn es mehrfach wiederholte Lehre von Papst Johannes Paul II. ist, dass der Alte Bund niemals gekündigt wurde (so in Mainz am 17.11.1980; siehe Verlautbarungen des Apostolischen Stuhls Nr. 25, Papst Johannes Paul II. in Deutschland, 15.–19.11.1980, S. 102–105)?

Ich kann nicht sehen, worauf Kardinal Bertone seine Antwort gründet. Der Art. 1 ist der einzige, der das Triduum Sacrum erwähnt, und zwar so: „In Messen ohne Volk kann jeder Priester das eine oder andere Messbuch wählen und zwar an jedem Tag mit Ausnahme des Triduum sacrum". Ich kann daraus nur lesen, dass während des Triduum Sacrum diese Wahlfreiheit für das eine oder andere Messbuch bei Privatmessen nicht gegeben ist. Indirekt kann man schließen, dass an diesen heiligen Tagen keine Privatmessen sein dürfen. Aber warum eine Messe nach dem Messbuch von 1962 mit einer festen Gruppe (coetus stabilis) an diesen Tagen nicht sein darf, finde ich im Text des Motu proprio nicht gesagt. Damit sind Besorgnisse der Juden betreffend der Karfreitagsfürbitte nicht zerstreut. Es sollte hier eine eindeutige Klarstellung erfolgen.

VI

Im Hinblick auf die Gründung eines Klosters der Benediktiner, die zur Priesterbruderschaft St. Pius X. (Lefèbvre-Bewegung) gehören, auf Gut Reichenstein in der Eifel ist es von Interesse, was unser Heiliger Vater zur Lefèbvre-Bewegung sagt:

„Wir wissen alle, dass in der von Erzbischof Lefèbvre angeführten Bewegung das Stehen zum alten Missale zum äußeren Kennzeichen wurde; die Gründe für die sich hier anbahnende Spaltung (spaccatura) reichten freilich viel tiefer …"

Und: „Der Papst hatte damals (das ist am 2. 7. 1988 beim Erlass des Motu proprio ‚Ecclesia Dei' durch Papst Johannes Paul II.) besonders auch der ‚Priesterbruderschaft des heiligen Pius X.' helfen wollen, wieder die volle Einheit mit dem Nachfolger Petri zu finden, und hatte so eine immer schmerzlicher empfundene Wunde in der Kirche zu heilen versucht. Diese Versöhnung ist bisher leider nicht geglückt …"

Hier sagt Papst Benedikt XVI. deutlich, dass bei der Lefèbvre-Bewegung eine „sich anbahnende Spaltung" von der katholischen Kirche vorliegt und dass ihr „die volle Einheit mit dem Nachfolger Petri" fehlt.

Die tiefer liegenden Gründe dieser Spaltung bestehen darin, dass die Lefèbvre-Bewegung große Teile der Dokumente des Zweiten Vatikanischen Konzils ablehnt wie das Dekret über die Religionsfreiheit und das über den Ökumenismus.

In dem Internet-Auftritt der „Priesterbruderschaft St. Pius X. Deutschland" wird auf die Frage: „Könnte man sich nicht ein friedliches Nebeneinander von Neuer und Alter Messe vorstellen?" geantwortet:

„Nein. Beide verhalten sich zueinander wie Feuer und Eis. Die Alte Messe ist katholisch und predigt das Christkönigtum; die Neue Messe ist ökumenisch und demokratisch. Eine Koexistenz ist auf Dauer nicht vorstellbar. Das ist der Grund, warum einerseits im Raum der

‚konziliaren Kirche' die Alte Messe so sehr unterdrückt und verfolgt wird und warum andererseits die Priesterbruderschaft St. Pius X. sich weigert, die Neue Messe anzuerkennen. Erzbischof Lefèbvre nannte die Neue Messe einen ‚illegitimen Ritus'; denn sie ist eine Mischung aus katholischen und protestantischen Elementen, sie ist keine wirklich katholische Messe mehr. Langfristig wird einer der beiden Riten verschwinden müssen. Der katholische wird es nach den Worten unseres Herrn sicher nicht sein."

Hier werden Grenzen gezogen, die nur schwer zu überwinden sind. Papst Benedikt sagt in seinem Begleitschreiben: „Um die volle communio zu leben, können die Priester, die den Gemeinschaften des alten Usus zugehören, selbstverständlich die Zelebration nach den neuen liturgischen Büchern im Prinzip nicht ausschließen. Ein völliger Ausschluss wäre nämlich nicht in Übereinstimmung mit der Anerkennung des Wertes und der Heiligkeit des Ritus in seiner erneuerten Form."

An diesem Punkt ist unsere besondere Aufmerksamkeit gefordert, wenn Gruppen um eine tridentinische Messe bitten, eine Aufmerksamkeit, die der Liebe zur Einheit der Kirche entspringt, dass nicht im Gebrauch des Missale von 1962 sich ablehnende Haltungen gegenüber bestimmten Lehren des Zweiten Vatikanischen Konzils verbergen. Hier bedarf es der Klarheit und Wahrheit, ohne die die Einheit der Kirche nicht gefunden und gelebt werden kann.

VII.

Papst Benedikt führt aus: „Was nun die Verwendung des Messbuchs von 1962 als Forma extraordinaria der Messliturgie angeht, so möchte ich darauf aufmerksam machen, dass dieses Messbuch nie rechtlich abrogiert wurde und insofern im Prinzip immer zugelassen blieb." Das neue Motu proprio wolle nur ordnen und den Zugang zum alten Missale weiten, der schon bestanden habe.

Diese Passage bedarf der Klärung aus kanonistischer und liturgierechtlicher Sicht. Im deutschsprachigen Raum gilt der Approbationsbeschluss für das neue Messbuch, den die Deutsche, Österreichische und Schweizer Bischofskonferenz und die konferenzfreien Bischöfe am 23.9.1974 mit römischer Genehmigung wie folgt gefasst haben: „Das Messbuch darf von seinem Erscheinen an benutzt werden. Am 1. Fastensonntag 1976 wird es verpflichtend und löst damit im deutschen Sprachgebiet die Editio typica von 1962 (Ergänzungen 1965 und 1967) des im Auftrag des Trienter Konzils vom hl. Papst Pius V. besorgten, von seinen Nachfolgern wiederholt revidierten Missale Romanum wie auch alle provisorischen deutschen Übersetzungen des von Papst Paul VI. im Auftrag des Zweiten Vatikanischen Konzils überarbeiteten und neu herausgegebenen Missale Romanum von 1970 rechtsgültig ab" (Nr. 7).

Schon die Apostolische Konstitution, mit der Papst Paul VI. am 3.4.1969 das gemäß den Vorgaben des Zweiten Vatikanischen Konzils erneuerte Römischen Messbuch einführte, enthielt einen entsprechenden Aufhebungsvermerk: „Die Bestimmungen dieser Konstitution treten am 30. November, dem 1. Adventssonntag dieses Jahres, in Kraft. Unsere Anordnungen und Vorschriften sollen jetzt und in Zukunft gültig und rechtskräftig sein, unter Aufhebung jedweder entgegenstehenden Konstitutionen und Verordnungen unserer Vorgänger, sowie aller übrigen Anweisungen, welcher Art sie auch seien."

VIII.

Liebe Mitbrüder im priesterlichen und diakonalen Amt!
Liebe Mitarbeiterinnen und Mitarbeiter im pastoralen
Dienst!

Papst Benedikt XVI. hat uns „hoffnungsvoll und mit großem Vertrauen" sein neues Motu proprio in die Hände gelegt.
Die Ehrfurcht vor dem Geheimnis der Eucharistie und die
würdige Feier der Liturgie sind ihm seit jeher ein Herzensanliegen. Ihm geht es um „eine Versöhnung in der Kirche".
Er möchte alles tun, um Wunden zu heilen und die Einheit
der Kirche wiederherzustellen. Er möchte die Möglichkeit
ausschließen, dass es allein wegen bestimmter liturgischer
Vorlieben zur Spaltung kommt. Er möchte denen großzügig und barmherzig entgegenkommen, die sich nur aus Anhänglichkeit an den alten Messritus, der Jahrhunderte lang
die Liturgie der katholischen Kirche des lateinischen Ritus
war, auf getrennte Wege begeben haben. Er traut uns zu,
dass wir als Kirche mit einer Pluralität liturgischer Formen
versöhnlich und verantwortungsbewusst umgehen.

Wir wollen wachsam und großherzig an diesem Werk mit-
wirken, das Herzensanliegen des Papstes ist. Ich schätze die
Lage so ein, dass wegen der Unkenntnis der lateinischen
Sprache und der Ungewohntheit der alten Riten nicht allzu
viele Gruppen um die Feier der hl. Messe nach dem Messbuch
von 1962 nachsuchen werden. Der Blick der Pfarrer wird immer auf das Gesamtwohl der ihnen anvertrauten Gläubigen
gerichtet sein, auf Frieden, Einheit und Eintracht in den Gemeinden. Wir dürfen das Kostbarste, das wir haben, die Eucharistie, nicht im Streit verkommen lassen. Das widerspräche
dem Sinn und Gehalt des Vermächtnisses des Herrn.

Ich bitte Sie, das Beste aus dieser uns vorgegebenen Ordnung zu machen und das Versöhnungsbemühen unseres

Heiligen Vaters zu unterstützen. Ich bitte Sie, mich zu unterstützen in der Aufgabe, die in der Apostelgeschichte so umschrieben wird: „Gebt acht auf euch und auf die ganze Herde, in der euch der Heilige Geist zu Bischöfen bestellt hat, damit ihr als Hirten für die Herde Gottes sorgt, die er sich durch das Blut seines eigenen Sohnes erworben hat" (Apg 20,28).

In der Verbundenheit des eucharistischen Herrn
Ihr
+ Heinrich Mussinghoff

Theologische Diskussion

Liturgie im Widerspruch

Anfragen und Beobachtungen zum Motu proprio „Summorum Pontificum"[1]

von Benedikt Kranemann

Eine würdige Feier der Liturgie und die innere Versöhnung der Kirche sind die vorrangigen Anliegen, die als Motivation für die Veröffentlichung des Motu proprio „Summorum Pontificum" am 7. Juli 2007 genannt worden sind.[2] Es handelt sich um für eine Religionsgemeinschaft bedeutende Motive, die Respekt verdienen und für das Leben insbesondere in der katholischen Kirche einen hohen Rang besitzen. Sie weisen auf den Stellenwert hin, den die Kirche dem Gottesdienst beimisst. Gerade die katholische Kirche legt mit alter Tradition auf die Ordnung des Gottesdienstes ein Augenmerk, weil sie die verschiedenen Feiern als Ausdruck des Glaubens der Kirche versteht. Das Zweite Vatikanische Konzil hat diesen Anspruch erneuert, als es in SC 2 schrieb, dass besonders in der Liturgie dazu beigetragen wird, „dass das Leben der Gläubigen Ausdruck und Offenbarung des Mysteriums Christi und des eigentlichen Wesens der wahren Kirche wird."[3]

Dieser Anforderung ist die Kirche in der Geschichte der Liturgie längst nicht immer nachgekommen, insbesondere dort nicht, wo durch ein anderes Kirchenbild und in der Konsequenz andere Partizipationsformen der Gläubigen der Blick für diese Zusammenhänge verstellt war. Das gilt insbesondere für die so genannte „Klerikerliturgie", die seit dem Frühmittelalter die Wahrnehmung des Gottesdienstes geprägt hat. Das letzte Konzil und die nachkonziliare Liturgiereform haben demgegenüber einen sichtlich anderen Akzent gesetzt, für sie sollten Liturgie und Glauben der Kirche, Lex orandi und Lex credendi, eng miteinander verbunden sein. Es handelt sich um einen Anspruch, dem kirchliche Dokumente heute genügen müssen.

Ob das dem Motu proprio „Summorum Pontificum" gelingt, steht in Frage. Wenngleich derzeit eher fraglich ist, ob das Motu proprio in den deutschsprachigen Ortskirchen in der Praxis große Bedeutung erlangen wird, sollten die theologischen Implikationen mit Blick auf einzelne Elemente und Vollzüge des Gottesdienstes, aber auch das Verständnis der Liturgie insgesamt nicht unterschätzt werden.

1. Das Problem der „Fürbitte für die Juden" am Karfreitag

Ein Beispiel, symptomatisch und theologisch von besonderem Gewicht, ist die Karfreitagsfürbitte für die Juden. Dass es Widerspruch hervorrufen würde, wenn in Messfeiern wieder auf die vorkonziliaren Texte des Triduum Sacrum, mithin auch die alte Karfreitagsfürbitte mit ihren problematischen Aussagen über Juden, zurückgegriffen werden kann, zeichnete sich schon vor der Veröffentlichung des Dokuments ab.[4] Diese Fürbitte hat nach dem Zweiten Vatikanischen Konzil in ihrer erneuerten Form programmatischen Charakter für den jüdisch-christlichen Dialog und bringt an zentraler Stelle der Liturgie, inmitten des Triduum Sacrum, Israeltheologie zur Sprache[5]: „Für die Juden, zu denen Gott, unser Herr, zuerst gesprochen hat: Er bewahre sie in der Treue zu seinem Bund und in der Liebe zu seinem Namen, damit sie das Ziel erreichen, zu dem sein Ratschluss sie führen will." Nach der Gebetsstille ist von der „Verheißung" für Israel die Rede, wird Israel als Gottes erstes Eigentum bezeichnet, die Hoffnung auf die Fülle der Erlösung ausgesprochen.[6] Vor dem Hintergrund der äußerst problematischen Geschichte von Juden und Christen hat Papst Johannes XXIII. erste Schritte zu einer Reform dieser Fürbitte getan, eine tiefgreifende Reform blieb der Kirche nach dem Konzil vorbehalten. Wie man heute weiß, haben sich früh im 20. Jahrhundert die Amici Israel, darunter eine Reihe römischer Würdenträger, bereits für eine Revision des Textes eingesetzt, damals ohne Erfolg und mit erheblichen persönlichen Konsequenzen.[7] Die heutige Formulierung und theologische Neujustierung der Fürbitte besitzt also eine längere Vorgeschichte, ist durch die Erfahrung der Shoa motiviert, ist Teil der Neubestimmung des Verhältnisses der Kirche zu Israel und besitzt in diesem Kontext hohen Symbolwert. Die Problematik der Regelung, dass die vorkonziliaren Texte des Triduum Sacrum in der „außerordentlichen Form" verwendet werden können, lässt sich nicht wegdiskutieren.

Noch mehr überrascht allerdings, dass wenige Tage nach der Veröffentlichung aus dem Vatikan verlautete, man „könnte" vielleicht doch auf die alte Fürbitte verzichten.[8] Ein Konjunktiv an dieser Stelle in der Israeltheologie nach Nostra Aetate, nach dem Lebenswerk Papst Johannes Pauls II., dem Engagement vieler Priester und Laien um Versöhnung und Dialog zwischen Judentum und Christentum ist neu und wirklich irritierend für eine Kirche, die doch in der Liturgie erfahrbar macht, was sie glaubt. Mit Blick auf Israel geht es für Theologie und Kirche um so essenzielle Fragen, dass eine solche Beliebigkeit im Umgang mit diesem sensiblen Gebetstext nicht nachzuvollziehen ist. Zwischen dem theologischen Anspruch an die Liturgie und der innerkirchlichen Wirklichkeit gibt es offensichtlich deutliche Spannungen.

2. „Pro haereticis et schismaticis" oder „pro universis fratribus in Christum credentibus"? Die Karfreitagsfürbitte für die Einheit der Kirche

Zumindest am Rande sei erwähnt, dass auch die Fürbitte „Pro unitate Ecclesiae" im Missale von 1962 mit Blick auf die Entwicklung der Ökumene nach dem Konzil höchst problematisch ist, wenn sie heute wieder in der römisch-katholischen Liturgie, wenngleich nur in der außerordentlichen Form, Verwendung finden kann. Beten Katholiken mit dem nachvatikanischen Missale für die „Brüder und Schwestern, die an Christus glauben, dass unser Herr und Gott sie leite auf dem Weg zur Wahrheit und sie zusammenführe in der Einheit der heiligen Kirche"[9], so mit dem vorkonziliaren Missale „für die Irrgläubigen und Abtrünnigen: unser Gott und Herr möge sie allen Irrtümern entreißen und sie zur heiligen Mutter, der katholischen und apostolischen Kirche, zurückrufen."[10] Fährt man dann mit der Bitte fort, der Heiland möge niemanden verloren gehen lassen und auf die durch teuflischen Trug verführten Seelen schauen, er möge die Herzen der Irrenden zur Einsicht kommen lassen und sie zur Ablegung ihres Irrglaubens bewegen, wird im nachkonziliaren Messbuch eine unverkennbar andere Theologie sichtbar: „Allmächtiger Gott, du allein kannst die Spaltung überwinden und die Einheit bewahren. Erbarme dich deiner Christenheit, die geheiligt ist durch die eine Taufe. Einige sie im wahren Glauben und schließe sie zusammen durch das Band der Liebe."[11] Es geht um deutlich unterschiedliche theologische Einschätzungen der „Brüder und Schwestern", man wird nicht ernsthaft theologisch von *einer* Lex orandi sprechen können. Mit einem Konzilsdekret wie „Unitatis redintegratio" oder der Enzyklika Papst Johannes Pauls II. „Ut unum sint" lässt sich der vorkonziliare Text nicht vereinbaren.[12]

Ebenso überrascht, welche wichtigen Neuerungen der Liturgie nach dem letzten Konzil offensichtlich so wenig von Gewicht sind, dass sie zukünftig in einem Teil der katholischen Messfeiern keine Rolle mehr spielen werden. Es handelt sich keineswegs um Äußerlichkeiten, sondern um Veränderungen, die man vor allem mit Blick auf die Spiritualität der Gläubigen vorgenommen hat. Es sei in Erinnerung gerufen, dass viele der späteren Reformen auf eine Befragung des Weltepiskopats, der Ordensoberen, theologischen Fakultäten etc. vor dem Konzil zurückgehen, dass der größere Teil dieser Reformen durch das Konzil selbst angeordnet und durch die zuständigen römischen Instanzen nachkonziliar umgesetzt worden ist. Genannt sei die Rolle des Alten Testaments, die im vorkonziliaren Missale eindeutig unterbestimmt blieb; die Bedeutung der Aufwertung der Bibel als ganzer im Gottesdienst ist bei allen Defiziten, die die heutige Leseordnung aufweist, innerkirchlich unumstritten; die Verkündigung aus beiden Teilen der einen Bibel insbesondere im Wortgottesdienst der Messfeier wird als Wert betrachtet. Auf die Neuordnung des Kalenders sei hingewiesen, die das Christusgeheimnis stärker in den Vordergrund gerückt hat. Die Rolle der Gläubigen auch in der Liturgie ist als Konsequenz der Initiation neu definiert worden. Nach SC 14 sollte ihre Teilnahme auf das stärkste („summopere") beachtet werden, nicht zuletzt ein Grund für das umfassende Reformwerk nach dem Konzil, aber ein Programm, dem die vorkonziliare Liturgie nicht entsprach. Auch das Fürbittgebet muss man hier nennen, die Oratio fidelium, eine besonders dichte Form des Gebets der Gläubigen für die Welt; seit der Liturgischen Bewegung war darum gerungen worden, das Konzil hat diesem Gebet wieder zu seinem

Platz verholfen. Die Bedeutung der Fürbitten wird heute im Bemühen sichtbar, welches man vielerorts für ihre Formulierung aufwendet. Dieses Gebet ist keine beliebige Zutat, sein Fehlen im außerordentlichen Ritus ein wirklicher Mangel. Viele andere Elemente der Messfeier wären zu nennen: die Aufwertung der Homilie, die verschiedenen Hochgebete, die Kommunion in der Messfeier. Vor allem, dass die Liturgie in Gemeinschaft gefeiert werden soll, wobei an erster Stelle die Liturgie der Gläubigen mit ihrem Bischof steht, muss man unter den wesentlichen Momenten der Liturgiereform erwähnen. Dass nun ein römisches Dokument beispielsweise die Messe ohne Gläubige an erster Stelle nennt, damit signifikant von der Allgemeinen Einführung in das römische Messbuch abweicht[13], kann man nicht als Marginalie abtun. Durch diese Voranstellung der Privatzelebration, aber auch durch die fragwürdige Konstruktion, dass die Entscheidung über die Wahl des Messbuches an den Pfarrer delegiert wird, stellt man theologisch dieses Prinzip der gemeinschaftlichen Feier hintan, von kirchenrechtlichen Problemen ganz abgesehen.

Mit solchen äußerst gewichtigen Details, strukturellen Veränderungen und theologischen Neugewichtungen in der Liturgie hat man im vergangenen Jahrhundert auf alte Traditionen der Kirche zurückgegriffen und sie fortgeschrieben. So ist möglicherweise der Liturgie eine Gestalt gegeben worden, die ihre Akzeptanz in der späten Moderne garantiert hat. Der Hinweis auf einen zugegeben drastischen Rückgang der Gottesdienstbesucher in Deutschland spricht nicht gegen diese These, denn etwa bei den polnischen Nachbarn oder in katholischen Gemeinden in den USA sieht die Gottesdienstpraxis der Gläubigen trotz erfolgter Reform anders aus.

Unverständlich bleibt, wie zwei Liturgien mit unterschiedlichen Leseordnungen, differierenden Kalendern, offensichtlich unterschiedlichen Texten in zentralen Zeiten des

Kirchenjahres, wie also zwei Gebetsordnungen oder Ausdrucksformen der Lex orandi wirklich für eine Lex credendi der Kirche stehen können. Dieses kann man nur vertreten, wenn man nicht den Ritus an und für sich, sondern eine Bedeutung des Ritus mit der Lex orandi gleichsetzt.[14] Damit droht aber eine theologische Erkenntnis der Liturgischen Bewegung und eine wirkliche Errungenschaft der nachkonziliaren Liturgietheologie verloren zu gehen. Man wird abwarten müssen, wie sehr das *Motu proprio* die Praxis der Gemeindeliturgie in Deutschland berührt. Die theologischen Konsequenzen des Dokuments sind auf jeden Fall problematisch. Aufs Ganze gesehen wird man sagen müssen, dass Zentrales, auf das die Kirche in den Jahrzehnten nach dem Konzil mit großer Sorgfalt geachtet hat, für einen Teil der Kirche jetzt infrage gestellt zu sein scheint.

4. Sakramentale Liturgie nach dem „älteren Rituale"

Eine Überraschung ist zudem, dass das *Motu proprio* sich nicht auf die Messfeier beschränkt, sondern Taufe, Trauung, Buße und Krankensalbung, Firmung und schließlich das Brevier nach vorkonziliarem Ritus wieder genehmigt werden. Damit geht das römische Dokument über das ebenfalls römische Indult von 1984 weit hinaus[15], das sich allein auf die Messfeier bezog. Diese Weiterung ist insofern verhängnisvoll, als die zentralen Liturgiefeiern der Kirche jetzt wieder nach dem vorkonziliaren Ritus vollzogen werden können und damit über die Liturgie die Gefahr einer Kirche in der Kirche droht. Das ist sicherlich nicht die Intention der Verfasser des Dokuments, doch ging im Vergleich das Indult wesentlich umsichtiger vor.

Dass den Verfassern des *Motu proprio* mancher nachkonziliare Reformschritt möglicherweise nicht präsent gewesen sein mag, zeigt die Erwähnung der „Unctio infirmorum", die nach dem „Rituale antiquior" gefeiert werden soll. Von einer Liturgie der Krankensalbung kann vorkonziliar nicht die Rede sein. Das Rituale Romanum kennt den „Ordo ministrandi Sacramentum Extremae Unctionis" und sieht die Letzte Ölung für jene Gläubigen vor, die sich „in periculo mortis" befinden.[16] In der Collectio Rituum von 1950 verhält es sich nicht anders.[17]

Besonders problematisch ist, dass die Bischöfe (ordinarii) die Firmung nach dem alten Rituale feiern können. Der Bischof soll Garant der Einheit der Kirche vor Ort sein. Wie aber kann er diese gewährleisten, wenn er in verschiedenen Riten Liturgie feiert? Gerade die Bevollmächtigung des Bischofs zu diesem Schritt könnte als ein besonders problematisches Zeichen wirken.

Dass die Entscheidung, ob die „ordentliche" oder die „außerordentliche" Form der Liturgie gefeiert wird, durch den Pfarrer in eigener Verantwortung getroffen werden kann, stellt zudem eine enorme Kompetenzverschiebung in der Rechtsordnung der Kirche dar. Es geht immerhin um die Gebetsordnung der Kirche, es geht um die Lex orandi! Hier werden Rechtsinstitute, werden sinnvolle Hierarchien umformuliert. Der Schritt, der damit in liturgierechtlicher Hinsicht getan wird, impliziert weitreichende Konsequenzen. Es dürfte zukünftig schwerer werden zu vermitteln, warum Verstöße gegen die liturgische Ordnung auf geringerem Niveau geahndet werden, während bei einer doch weitreichenden Entscheidung zwischen zwei Riten Entscheidungsfreiheit besteht; und unwillkürlich fragt man sich, ob auch in anderen Zusammenhängen zukünftig entscheidende Vollmachten an die Basis delegiert werden.

Mindestens zwei weitere Probleme weist das Dokument in diesem Zusammenhang auf: Die Begräbnisliturgie wird nicht genannt. Hat man sie vergessen? Oder soll wirklich die alte Messe mit dem neuen Begräbnisritus kombiniert werden, wie man Art. 5 § 3 lesen könnte? Vermutlich handelt es sich um ein Versehen, das aber deutlich macht, dass das *Motu proprio* eine sorgfältigere Durcharbeitung benötigt hätte. Die Liturgie ist für die Kirche zu zentral, um sich in rechtsverbindlichen Dokumenten Ungenauigkeiten leisten zu können.

Was in Art. 9 mit dem „älteren Rituale" gemeint ist, das jetzt wieder verwendet werden kann, bleibt unklar: das Rituale Romanum von 1614 mit den Anpassungen an den CIC 1917, die alten Diözesanritualien, die einige deutsche Bistümer bis ins späte 19. Jahrhundert verwendet haben, die diözesanen Collectiones Rituum, die Collectio Rituum pro omnibus Germaniae dioecesibus? Die Unterschiede zwischen diesen Ritualien und Teilritualien sind nicht unerheblich, schon dann nicht, wenn man das Rituale Romanum von 1614 und die Collectio Rituum von 1950 nebeneinander legt. Besteht hier freie Wahlmöglichkeit? Was bedeutet dann aber „Einheit"? Führt das Motu proprio so zur Versöhnung in der Kirche oder doch zur Verhärtung zwischen den Gruppen? Das Dokument setzt Standards, die in ihrer Formulierung wie in ihren Konsequenzen unklar bleiben. Man wird doch längerfristig beispielsweise bedenken müssen, nach welchem Ritus ein Priester geweiht wird, der anschließend Liturgie nach dem alten Ritus feiern wird. Fördert man so wirklich die Einheit der Kirche, wie es sicherlich beabsichtigt ist? Wächst nicht doch die Gefahr der Spaltung in den Gemeinden? Man wird abwarten müssen; die Konsequenzen werden von Land zu Land unterschiedlich aussehen.

Die gerade genannten Regelungen für die Sakramente stehen in Kontrast zur Liturgiekonstitution. So sollte nach dem Willen des Konzils der Ritus der Kindertaufe an die Situation von Kindern angepasst (SC 67), der Firmritus sollte mit Blick auf die Einheit der Initiation überarbeitet werden (SC 71), eine Überarbeitung der Letzten Ölung sollte vorgenommen werden (SC 73–75), der Trauungsritus sollte mit Blick auf das Gefeierte deutlicher konturiert werden (SC 77) usw. Diese Konzilsbeschlüsse von 1963 wurden von weiten Teilen der Weltkirche dringend erwartet. Dass man die dann begonnene Liturgiereform für den Anfang einer neuen Phase der Liturgiegeschichte hielt, zeigt sich u.a. daran, dass man Gläubigen nur im Ausnahmefall die Möglichkeit eröffnete, nach dem alten Missale Liturgie zu feiern. Über diese Ausnahmeregelung geht man jetzt weit hinaus.

5. Die Rolle der Laien in der Liturgie

Noch das Missale Romanum in seiner Ordnung von 1962 enthält Texte und Rubriken für eine Liturgie des Priesters, in der die anderen Getauften eine marginale, in keinem Falle eine tragende Rolle einnehmen. An der Liturgie teilzunehmen, zählt demgegenüber die Liturgiekonstitution zu den Rechten und Pflichten jedes Getauften. Hier begegnen sich zwei Konzepte von Liturgie, treffen zwei unterschiedliche Modelle von Kirche aufeinander. Zahlreiche Schritte der Liturgiereform lassen sich von dieser erneuerten Theologie und ihrem Paradigmenwechsel her begründen. Der Status der Getauften, ihre Würde, zeigt sich gerade in der Möglichkeit, ihre Rolle in der Liturgie und von der Liturgie aus zu entfalten. Dass die Liturgie Quelle kirchlichen Handelns, damit der Identität der Kirche ist, hat Konsequenzen für die Identität der Getauften. Das *Motu proprio* geht mit keinem Wort darauf ein, was in dieser Perspektive die Zulassung einer außerordentlichen Form der Liturgie für Laien in der Kirche bedeutet. Um es zu verdeutlichen: Es dreht sich nicht allein um eine muttersprachliche Liturgie und die Möglichkeit, dem Geschehen des Gottesdienstes folgen zu können: Es geht um das sich Versammeln der Gemeinde, um die Zuordnung von Priester und übrigen Gläubigen, um das Einstimmen der Gemeinde in das für sie gesprochene priesterliche Gebet; es geht sicherlich auch um Rollen im Gottesdienst, um Lektoren, Kantoren, Kommunionhelfer, die mittlerweile selbstverständlich Mitwirkende der Messfeier und der anderen Liturgien sind; es geht um Kirchenräume, die die Communio der Gemeinde abbilden und erfahrbar machen sollen, wobei man an sehr unterschiedliche Raumkonzeptionen denken kann und nicht bei Ellipsenräumen ansetzen muss. Vieles andere wäre zu nennen, welches als Gewinn nach dem Zweiten Vatikanischen Konzil in der Kirche gewertet wird und das Rollenbewusstsein von Laien in der Kirche geprägt hat. Was bedeutet es, wenn nun ein Ritus eine Aufwertung erfährt, der all das nicht kennt? Was sagt es über die Rolle von Laien in der Kirche aus, wenn ein Ritus, wenn auch nur in der außerordentlichen Form, neu gewichtet wird, dem das Recht auf Partizipation der Getauften geradezu abgerungen werden musste? Implizit weist das Motu proprio hier in eine ganz problematische Richtung.

Das gilt nicht nur für die Messe, sondern auch für das Rituale. Auch hier hat man die Beteiligung der Gemeinde nach dem Konzil ganz neu zur Wirkung gebracht. Eine neue Anthropologie hat in die Liturgie Eingang gefunden, wenn man etwa an die Bußliturgie oder die Trauung denkt. Die problematische Muttersegnung nach der Taufe ist gefallen, dafür findet sich heute ein Segen über die Eltern in der Kindertaufliturgie. Eine ausdifferenzierte und theologisch reflektierte Erwachsenentaufliturgie mit vorgängigem Katechumenat antwortet auf die Lebenssituation von Menschen in säkularisierten Gesellschaften oder im religiösen Pluralismus. Die Möglichkeit, sakramentale Feiern auf pastorale Situationen anzupassen, hat in vielen Fällen die Lebendigkeit der Liturgie erhalten und ihr einen Sitz im Leben der Feiernden ermöglicht. Gerade aus der Sicht eines Theologen, der in einer durch extreme Konfessionslosigkeit geprägten Gesellschaft arbeitet, mutet es beklemmend an, wenn jetzt durch ein römisches Dokument eine Liturgie gefördert wird, die diese Offenheit und Akkomodationsfähigkeit um des gefeierten Glaubens willen nicht kennt. Die Frage nach der Aufmerksamkeit, die den gläubigen Laien in der Liturgie entgegengebracht oder eben nicht entgegengebracht wird, muss an dieses Dokument gerichtet werden, denn es geht um ein hohes Gut heutigen Lebens in der katholischen Kirche.

6. Organisch entwickelte Liturgiegeschichte?

Die offenbar das *Motu proprio* prägende Vorstellung, die Liturgiegeschichte kenne keine Brüche, sondern sei organisch angelegt, lässt sich aus historischer Sicht nicht halten. Natürlich bleibt die Liturgie auf den Auftrag Christi verpflichtet. Es ist dasselbe Glaubensgeheimnis, das gefeiert wird, doch die Formen verändern sich im Laufe der Jahrhunderte erheblich und lassen das Gefeierte mit sehr unterschiedlicher Hermeneutik sichtbar werden. In ihren konkreten Ausprägungen, in denen die Liturgie dieses Glaubensgeheimnis begeht, ist sie Teil der jeweiligen Kultur- und Kunstgeschichte, mit Frömmigkeit und Mentalität verbunden, in Sozial- und Geistesgeschichte eingebunden usw. Insofern liegt „eine evident wechselhafte Geschichte vor, sowohl mit Zugewinn wie mit Defizienzen"[18]. Wer auf die Liturgiegeschichte von Spätantike, Früh- und Hochmittelalter, von Barock, Aufklärung und Restauration schaut, kann die großen Umbrüche nicht übersehen. Streichungen in der Liturgie, Innovationen, Reformen, damit eben auch Brüche hat es immer wieder gegeben. Die Geschichte der Liturgiereformen als eines Kontinuums der Liturgiegeschichte zeichnet sich durch zum Teil tiefgreifende Veränderungen aus. „Dieses als organische Entwicklung zu bezeichnen, geht nur, wenn man den heutigen Bestand rückwärtsblickend als ‚logische' Gewordenheit deutet."[19]

Der immer wieder unternommene Versuch, Liturgie neu an den Quellen der Frühzeit, sei es die Bibel, seien es die Liturgien der Alten Kirche, zu orientieren, spricht gerade nicht für eine organische Entwicklung, sondern für eine Veränderung und Erneuerung der Liturgie in wechselnden kulturellen Kontexten, auf die die Kirche reagiert hat. Wenn man Liturgie in eben diesem kulturellen Umfeld beobachtet und erwartet, dass sich Glaubensausdruck und Frömmigkeit in diesem Kontext entwickeln, wird das nicht überraschen. Insofern ist nicht die katholische Kirche des 20. Jahrhunderts ins Unrecht zu setzen, die wie zu anderen Zeiten der Kirchengeschichte auch Eingriffe in das gottesdienstliche Leben vorgenommen hat und sich dabei theologisch durch den Geist Gottes legitimiert wusste. Problematisch sind Konzepte der Liturgiegeschichte, die sich solche Änderungen nicht eingestehen wollen und sich damit vom Adaptationsprozess lossagen, der gerade für Liturgie in katholischer Vielfalt und in Hochzeiten über Jahrhunderte prägend gewesen ist. Diesen Weg weiterzugehen, ist die Aufgabe für die Kirche im 21. Jahrhundert, nicht die Rückkehr zu einer Liturgie, die das Konzil zur Mitte des 20. Jahrhunderts aus guten Gründen einer grundlegenden Veränderung unterzogen hat.

7. Der Umgang mit dem *Motu proprio* in Theologie und Praxis

Die Frage stellt sich, wie man mit diesem Dokument umgehen kann. Kirchlicherseits ist sie für die Praxis in Deutschland mit den Richtlinien der Deutschen Bischofskonferenz ein gutes Stück beantwortet, wobei man allerdings nicht übersehen darf, dass diese Richtlinien sich allein auf die Eucharistiefeier konzentrieren.[20] Zum Maßstab wird die „ordentliche Form" erhoben, in der allein Pfarrgottesdienste gefeiert werden dürfen; die Feier in der außerordentlichen

Form darf nicht Spannungen hervorrufen oder gar verstärken, sie muss vom „Prinzip der Harmonie zwischen dem Interesse und Wohl der antragstellenden Gläubigen und der ordentlichen Hirtensorge für die Pfarrei unter der Leitung des Bischofs getragen sein."[21]

Generell wird man formulieren müssen: Wer sich auf das Zweite Vatikanische Konzil beruft, weiß sich dem Geist der Einheit der Kirche verpflichtet. Es wird Solidarität zwischen Priestern und Laien, zwischen Gemeinden und Bischöfen brauchen, um Spaltungen zu verhindern. Langmut und Überzeugungsarbeit, auch gegenüber denen, die sich dem alten Ritus fest verschrieben haben, werden notwendig sein. Liturgietheologische Standards, die die Kirche seit dem Konzil vertritt, können nicht zur Disposition stehen. Die Fragen nach dem Verhältnis von Lex orandi und Lex credendi, nach der Rolle von Laien im Gottesdienst, nach der Qualität des Wortgottesdienstes und vieles andere, was zentral für das Verständnis der Liturgie ist, gehören hierhin. Hier ist nicht nur eine Diskussion um einzelne Aspekte des *Motu proprio* notwendig, sondern auch zu erfragen und zu beobachten, was das Dokument beispielsweise für die Theologie der Liturgie oder die Ekklesiologie langfristig bedeuten könnte. Mit dem *Motu proprio* wird ein Pfosten eingeschlagen; es handelt sich um wesentlich mehr und Weitreichenderes als im früheren Indult. Die theologische Wirkung ist ernst zu nehmen, gleich, ob sie überhaupt intendiert war. Liturgietheologische Positionen, die im Konzil vertreten worden sind oder sich nachkonziliar bis in zentrale kirchliche Dokumente hinein durchgesetzt haben, gelten für den „außerordentlichen Ritus" nicht mehr. Wie verändert das die Diskussion über die Liturgie insgesamt? Und: Ist mit dem *Motu proprio* das Ende einer langen innerkirchlichen Auseinandersetzung erreicht oder beginnt damit erst ein neuer Weg, dessen Ende noch gar nicht abzusehen ist? Wie sieht die Zukunft der im Konzil erneuerten Liturgie und der mit ihr verbundenen Seelsorge aus?

In der Gottesdienstpraxis sind die entsprechenden Probleme vielleicht einfacher zu lösen: Die Diskussion um das alte oder das neue Missale hat sich u.a. an der Qualität der Liturgie entzündet. Auch wenn man die heutige Liturgie in Vielem für besser hält, als ihr Ruf in manchen Kreisen ist, und wenn redlich zu fragen wäre, wie die Zustände des Gottesdienstes im Laufe einer bisweilen arg verzeichneten Geschichte gewesen sind: Eine theologisch stimmige, rituell überzeugende und ästhetisch klare Feier des Gottesdienstes wird das beste Argument sein, um denen den Wind aus den Segeln zu nehmen, die in kulturkonservativer Manier allein einem verklärten Stand der Geschichte das Wort reden. Wenn das römische Motu proprio ein Gutes haben könnte, dann dies, Priester und Gläubige, die auf dem Boden des Konzils stehen, herauszufordern, sich noch eindeutiger für die erneuerte Liturgie und eine überzeugende Praxis einzusetzen. Dafür kann man sich immerhin auf ein Konzil berufen!

Anmerkungen

[1] Der Text erschien in einer wesentlich kürzeren Fassung unter dem Titel „Mehr Engagement für die erneuerte Liturgie. Anmerkungen zum Motu proprio ‚Summorum Pontificum'", in: ThG(B) 50 (2007) 273–275. Er wurde für die vorliegende Publikation wesentlich erweitert und um einige Quellen- und Literaturangaben ergänzt.

[2] Vgl. Papst Benedikt XVI., Apostolisches Schreiben Motu proprio *Summorum Pontificum*, in: Sekretariat der Deutschen Bischofskonferenz (Hg.), Papst Benedikt XVI. Apostolisches Schreiben *Summorum Pontificum. Brief des Heiligen Vaters an die Bischöfe anlässlich der Publikation*. 7. Juli 2007 (VApS 178), Bonn 2007, 5–19; vgl. die abwägende kirchenrechtliche Kommentierung bei G. Read, *Motu proprio Summorum Pontificum*, in: Canon Law Society of Great Britain & Ireland Newsletter, No. 151 (September 2007), 9–21.

[3] SC 2.

[4] Vgl. beispielsweise die *Stellungnahme des Gesprächskreises „Juden und Christen"* beim Zentralkomitee der deutschen Katholiken vom

4. April 2007 (http://www.zdk.de/pressemeldungen/meldung. php?id = 402, Stand: 20. November 2007).

[5] Vgl. D. Kranemann, *Israelitica dignitas? Studien zur Israeltheologie Eucharistischer Hochgebete* (MThA 66), Altenberge 2001.

[6] Vgl. *Die Feier der heiligen Messe. Messbuch für die Bistümer des deutschen Sprachgebietes. Authentische Ausgabe für den liturgischen Gebrauch. Kleinausgabe. Das Messbuch deutsch für alle Tage des Jahres*, Einsiedeln u.a. [2]1988 [48]; das Missale Romanum. Editio typica tertia, Rom 2002, 319, formuliert: „Pro Iudaeis, ut, ad quos prius locutus est Dominus Deus noster, eis tribuat in sui nominis amore et in sui foederis fidelitate proficere. (…) Omnipotens sempiterne Deus, qui promissiones tuas Abrahae eiusque semini contulisti, Ecclesiae tuae preces clementer exaudi, ut populus acquisitionis prioris ad redemptionis mereatur plenitudinem pervenire."

[7] Vgl. H. Wolf, „*Pro perfidis Judaeis". Die „Amici Israel" und ihr Antrag auf eine Reform der Karfreitagsfürbitte für die Juden (1928) oder: Bemerkungen zum Thema katholische Kirche und Antisemitismus*, in: HZ 279 (2004) 611–658.

[8] Vgl. u.a. eine Pressemeldung des ORF (http://religion.orf.at/projekt03/ news/0708/ne070817_karfreitag.htm, Stand: 21. November 2007). Während der Drucklegung, am 5.2.2008, erschien die neue Fassung der Fürbitte für die Juden im älteren Usus; vgl. unten S. 167–171.

[9] *Messbuch* [47].

[10] Übersetzung: A. Schott, *Das Messbuch der heiligen Kirche mit liturgischen Einführungen. Neu bearbeitet von den Benediktinern der Erzabtei Beuron*, Freiburg u.a. 1962, 263. Der Text im Missale Romanum 1962 lautet insgesamt: „Oremus et pro haereticis et schismaticis: ut Deus et Dominus noster eruat eos ab erroribus universis; et ad sanctam Ecclesiam catholicam atque apostolicam revocare dignetur. (…) Omnipotens sempiterne Deus, qui salvas omnes, et neminem vis perire: respice ad animas diabolica fraude deceptas; ut, omni haeretica pravitate deposita, errantium corda resipiscant, et ad veritatis tuae redeant unitatem." (*Missale Romanum anno 1962 promulgatum*. Reimpressio, introductione aucta curantibus C. Johnson – A. Ward [Bibliotheca Ephemerides Liturgicae. Subsidia, Instrumenta Liturgica Quarreriensia. Supplementa 2], Rom 1994, neue Auflage 2006, 173.).

[11] *Messbuch* [47]; der lateinische Text formuliert fast noch eindringlicher: „Oremus et pro universis fratribus in Christum credentibus, ut Deus et Dominus noster eos, veritatem facientes, in una Ecclesia sua congregare et custodire dignetur. (…) Omnipotens sempiterne Deus, qui dispersa congregas et congregata conservas, ad gregem Filii tui placatus intende, ut, quos unum baptisma sacravit, eos et fidei iungat integritas et vinculum societ caritatis." (*Missale Romanum* 2002, 318f.)

[12] Vgl. Sekretariat der Deutschen Bischofskonferenz (Hg.), Enzyklika *Ut unum sint* von Papst Johannes Paul II. über den Einsatz für die Ökumene. 25. Mai 1995. Apostolisches Schreiben *„Orientale lumen"* von Papst Johannes Paul II. an den Episkopat, den Klerus und die Gläubigen zum hundertsten Jahrestag des Apostolischen Schreibens *„Orientalium dignitas"* von Papst Leo XIII. 2. Mai 1995 (VApS 121), Bonn 1995.

[13] Vgl. dass. (Hg.), *Missale Romanum. Editio typica tertia 2002. Grundordnung des römischen Messbuchs. Vorabpublikation zum Deutschen Messbuch (3. Auflage)*. 12. Juni 2007 (ADBK 215), Bonn 2007, Nr. 22.

[14] Vgl. dazu A. Grillo, *Ende der Liturgiereform? Das Motuproprio „Summorum pontificum"*, in: StZ 225 (2007) 730–740.

[15] Vgl. *Dokumente zur Erneuerung der Liturgie III: Dokumente des Apostolischen Stuhls 4. 12. 1983–3. 12. 1993*. Mit Supplementum zu Band 1 und 2, übersetzt, bearbeitet und hg. von M. Klöckener unter Mitarbeit von G. Muff, Kevelaer-Freiburg/Schweiz 2001, 5685f; auch 6249–6253.

[16] Vgl. *Rituale Romanum Pauli V Pontif. Maximi jussu editum aliorumque Pont. cura recognitum atque auctoritate ssmi. D. N. Pii Papae XI. ad normam codicis juris canonici accommodatum. Editio quinta juxta typicam*, Ratisbonae 1937, tit. V. c. 2.

[17] Vgl. *Collectio Rituum ad instar appendicis Ritualis Romani pro omnibus Germaniae Dioecesibus a Sancta Sede approbata*, Ratisbonae 1950, I tit. III. c. 2.

[18] A. Angenendt, *Liturgik und Historik. Gab es eine organische Liturgie-Entwicklung?* (QD 189), Freiburg–Basel–Wien 2001, 196.

[19] Ebd. 200.

[20] Vgl. *Apostolisches Schreiben Motu proprio Summorum Pontificum. Leitlinien für die deutschen Diözesen: Pressemitteilungen der Deutschen Bischofskonferenz.* 28. September 2007. 068 – Anlage 1.

[21] Ebd. Nr. 1.

Vom Sinn der Liturgiereform[1]

von Klemens Richter

Aus Anlass des 40. Jahrestages der Verabschiedung der Liturgiekonstitution des Zweiten Vatikanischen Konzils, die am 4. Dezember 1963 mit der überwältigenden Mehrheit von 2.147 Ja- gegen 4 Nein-Stimmen von den Bischöfen der ganzen Welt angenommen wurde, veröffentlichten die deutschen Bischöfe 2003 ein pastorales Schreiben zur Liturgie unter dem Titel „Mitte und Höhepunkt des ganzen Lebens der christlichen Gemeinde"[2]. In dessen abschließendem Kapitel „Ausblick: Liturgische Erneuerung als bleibende Aufgabe" heißt es: „Stillstand ist Rückschritt. Das gilt in fast allen Bereichen unseres Lebens. Denn Leben bedeutet Bewegung, Wachstum und Veränderung. Weil die Liturgie zu den grundlegenden Lebensäußerungen der Kirche gehört, gelten auch für sie die Gesetze des Lebens."[3]

Wenn nun am 14. September 2007 das „aus eigenem Beweggrund" – so ist „Motu proprio" zu übersetzen – von Papst Benedikt XVI. erlassene Apostolische Schreiben „Summorum Pontificum über den Gebrauch der römischen Liturgie aus der Zeit vor der Reform von 1970" in Kraft tritt und dann jeder Priester wieder das so genannte tridentinische Missale nach der vorkonziliaren Fassung von 1962 benutzen darf, ist dies zumindest ein Schritt zurück vor das Konzil. Zwar bezeichnet der Papst dies als „außerordentlichen Ritus", während er das durch das Zweite Vatikanische Konzil veranlasste und seither mit wenigen von dem jeweiligen Bischof eigens zugelassenen Ausnahmen allein gültige lateinische Missale von 1970, als deutschsprachiges Messbuch seit 1975 in Gebrauch, die „normale Form" für die Messe nennt. Damit werde, so sein Begleitschreiben an alle Bischöfe, weder die „Autorität des II. Vatikanischen Konzils angetastet"[4] noch „die liturgische Reform (…) in Frage gestellt."[5]

Warum aber hat dann das Zweite Vatikanische Konzil mit einem neuen Messbuch das alte abgelöst? Was war der Sinn einer so grundlegenden Liturgieerneuerung durch das Konzil, die einerseits auf dem alten Messbuch aufbaute, aber doch auch andere theologische Akzente setzte? Diese Reform war lange vorbereitet durch die Liturgische Bewegung der ersten Hälfte des 20. Jahrhunderts. Es war eine Basisbewegung der Katholiken, die das Gemeinde- und Gemeinschaftsbewusstsein in der Kirche stärken wollte. Ihr ging es nicht um Heilsindividualismus und Privatfrömmigkeit, sondern um eine lebendige Glaubensgemeinschaft auch im Gottesdienst. Sie wollte weg von Stillmesse und lateinischer Klerikerliturgie, weg von einer längsgerichteten Wegekirche, in der alle hintereinander auf den Rücken des am Altar stehenden Priesters schauen. Sie verstanden sich wie die Christen der ersten Jahrhunderte als Mitfeiernde, wollten die der Gemeinde zukommenden Teile auch selbst vollziehen, sich um den Altar versammeln und mit dem Priester die eucharistische Mahlfeier halten. Sie wollten weg von einer Feier des Priesters für die Gemeinde hin zu einer Feier der ganzen versammelten Gemeinde. Dieses Anliegen setzte sich auch bei den Bischöfen durch und wurde von Papst Pius XII. 1956 „ein Durchbruch des Heiligen Geistes in seiner Kirche" genannt, nachdem er schon 1951 die Osternacht und 1955 die Heilige Woche erneuert hatte.

Dabei ging es dem Konzil darum – so der erste Satz der Liturgiekonstitution –, „das christliche Leben unter den Gläubigen mehr und mehr zu vertiefen, die dem Wechsel unterworfenen Einrichtungen den Notwendigkeiten unseres Zeitalters besser anzupassen".[6] Es ging also – so die deutschen Bischöfe damals – „um Erneuerung und Stärkung des religiösen Lebens durch die liturgische Erneuerung; dass wir und unsere Gemeinden mitten in allen Gefahren, die heute den Glauben eines jeden Christen bedrängen, den Weg finden zu dem in der Liturgie gegenwärtigen und wirkenden auferstandenen Herrn".

Weil die Kirche das „Sakrament der Einheit" ist, „gehen diese (liturgischen) Feiern den ganzen mystischen Leib der Kirche an, machen ihn sichtbar und wirken auf ihn ein"[7]. Daher soll alle Liturgie möglichst in Gemeinschaft gefeiert werden. Alles andere müsste das erste Zeichen der Gegenwart Christi, die Gemeinde selbst, verdunkeln. Denn für die liturgische Versammlung gilt das Wort Jesu: „Wo zwei oder drei in meinem Namen versammelt sind, bin ich mitten unter ihnen."[8] Daher kann die Einführung in das vatikanische Messbuch die Gegenwartsweisen Christi entsprechend der Abfolge seiner Gegenwart in der Eucharistiefeier beschreiben: „In der Messfeier ist Christus wirklich gegenwärtig in der Gemeinde, die sich in seinem Namen versammelt, in der Person des Amtsträgers, in seinem Wort (der Verkündigung) sowie wesenhaft und fortdauernd unter den eucharistischen Gestalten."

Angesichts des Wandels von Welt und Gesellschaft wollte Papst Johannes XXIII. ein „Aggiornamento", eine offene Kirche. Da aber Kirchen- und Liturgieverständnis einander entsprechen müssen, weil die Kirche in der Liturgie am deutlichsten sichtbar wird, ist eine Erneuerung der Kirche ohne eine ihr entsprechende Liturgie nicht denkbar. Johannes Paul II. schreibt daher zum 25. Jahrestag der Liturgiekonstitution: „Die Liturgiereform sollte zu einer umfassenden Erneuerung der ganzen Kirche beitragen … Es besteht in der Tat eine sehr enge und organische Verbindung zwischen der Erneuerung der Liturgie und der Erneuerung des ganzen Lebens der Kirche."[9]

Die Ekklesiologie des Konzils, sein Kirchenbild, ist durch eine Volk Gottes-Theologie geprägt, von der Gemeinschaft aller Getauften. Daher ist nicht mehr der Klerus allein liturgiefähig, wie es das vorkonziliare Kirchenrecht can. 1256 entsprechend der tridentinischen Messe behauptete, in der die Laien nur das Recht hatten, der Messe fromm beizuwohnen. Liturgie wird als Weiterführung des Priesteramtes Christi verstanden, wobei dieses Amt allen durch die Taufe in den Leib Christi Eingegliederten zukommt: Alle sind auf Grund dieses gemeinsamen Priesteramtes Träger der Liturgie, der Priester durch die Weihe dann ihr Vorsteher.[10] Voraussetzung für die vom Konzil verlangte „volle, tätige und gemeinschaftliche Teilnahme"[11] ist, dass die Riten „knapp, durchschaubar und frei von unnötigen Wiederholungen"[12] sowie „der Fassungskraft der Gläubigen angepasst"[13] sein sollen, ohne „vieler Erklärungen (zu) bedürfen."[14] Daraus ergibt sich notwendigerweise die grundsätzliche Zulassung der Volks-, also der Muttersprache, wie es in den Kirchen des Ostens immer schon der Fall war.

Unabhängig davon konnte immer schon auch die vatikanische Messe überall dort, wo das gewünscht wird, in Latein gehalten werden, was zumindest in einigen klösterlichen Gemeinschaften üblich ist. Dazu bedarf es aber guter Lateinkenntnisse, die heute selbst bei vielen Priestern nicht mehr vorausgesetzt werden können. Denn wenn die Liturgie den Glauben der Kirche zum Ausdruck bringen und die Gläubigen in ihrem Glauben stärken soll, müssen alle Texte verstanden werden können und nicht nur das Ordinarium (Kyrie, Gloria etc.). Weil das bei den meisten Katholiken nie der Fall war, haben sie während der Messe ihre Frömmigkeit durch private Gebete zum Ausdruck gebracht, etwa den Rosenkranz gebetet. Vor dem Konzil war neben Stillmesse und Hochamt, in dem der Chor stellvertretend für die Gemeinde sang, in Deutschland immerhin schon die Betsingmesse üblich, in der Kirchenlieder zur Liturgie gesungen wurden, aber kaum die liturgischen Texte selbst. Allerdings hatte Papst Pius X. schon vor gut 100 Jahren gefordert, dass die Gläubigen nicht zur Messe, sondern die Messe beten und singen sollten.

So sah es während des Zweiten Vatikanischen Konzils auch der Konzilsberater des Kölner Kardinal Frings, Professor Joseph Ratzinger, der hinsichtlich der Liturgiekonstitution geradezu begeistert schreibt „von einer Rückkehr zu den Ursprüngen und von einem Abbau der vielfältigen geschichtlichen Überlagerungen, die den Kern des eigentlich Gemeinten oft genug weitgehend überdecken". Es gelte, alle „rituelle Erstarrung" aufzulösen, „den Wortgottesdienst wieder als Verkündigung des den Menschen meinenden, ihn anrufenden Gotteswortes herzustellen, den dialogischen Charakter der ganzen liturgischen Feier, ihr Wesen als gemeinsamen Dienst des Gottesvolkes wieder deutlich" erkennbar zu machen. Dazu gehöre die Dezentralisierung der liturgischen Gesetzgebung und die Benutzung der Muttersprache.[15]

Das alles ist in unserer heutigen Eucharistiefeier verwirklicht. Wozu also die Erlaubnis der vorkonziliaren Messe, in der Benedikt vor über 40 Jahren das alles doch nicht verwirklicht sah? Er möchte damit zur Versöhnung beitragen mit den Traditionalisten, die die Liturgiereform bis heute ablehnen. Selbst wenn dies gelänge, wird es nicht zu neuen Spaltungen in Gemeinden kommen, wenn eine Gruppe vom Pfarrer die tridentinische Messe verlangt? Weiter verweist der Papst darauf, dass „das neue Missale vielerorts nicht in seiner Ordnung (...) gefeiert, sondern geradezu als eine Ermächtigung oder gar Verpflichtung zur ‚Kreativität' aufgefasst wurde, die oft zu kaum erträglichen Entstellungen der Liturgie führte."[16] Sicher gibt es Priester, die den Gottesdienst nicht so feiern, wie es den Vorgaben entspricht. Rechtfertigt das aber die alte Messe, die als oft still und schnell „gelesene Messe" kaum der Würde des Lobes Gottes entsprach? Um dies zu ändern, wäre ein Mehr an liturgischer Bildung von Priestern und Laien wohl sinnvoller als die Zulassung zweier Messformen. Manche Fehlformen dürfen nicht darüber hinwegtäuschen, so Albert Gerhards, „dass es heute in einem bisher nie da gewesenen Maß eine kompetente Mitwirkung durch motivierte und gut ausgebildete Laien gibt, die vielerorts mit ihren Charismen den Gottesdienst bereichern. Erst dadurch wird die Messfeier dem Anspruch gerecht, Darstellung der Kirche in ihrer hierarchischen und gemeinschaftlichen Verfassung zu sein, was gegenüber der Missa Tridentina ein integrierendes, umfassenderes Kirchenbild darstellt".[17]

Weil sich die Kirche im Laufe ihrer Geschichte immer wieder mit Blick auf die Botschaft Jesu erneuern musste, hat es notwendigerweise auch Veränderungen der Liturgie gegeben. Um den eigentlichen Kern, den Sinngehalt der Herrenmahlfeier zu bewahren, musste sich die Feiergestalt der Eucharistie immer wieder wandeln. Und sie wird sich auch weiter wandeln müssen, weil die Kirche sich auch zukünftig wandeln wird. Eine reine Klerusliturgie entspricht nicht dem Kirchenbild des Zweiten Vatikanischen Konzils. Was 1570 sinnvoll gewesen sein mag, als das Missale Romanum nach dem Konzil von Trient geschaffen wurde, muss heute mit anderen Zeichen und Worten zum Ausdruck gebracht werden, weshalb 1970 ein erneuertes Missale Romanum in Kraft trat. Die alte Messe begann, wenn der Priester auch ohne Gemeinde zum Stufengebet an den Altar trat, die vatikanische beginnt mit den Worten: „Die Gemeinde versammelt sich. Darauf tritt der Priester an den Altar (…) und spricht ‚Im Namen des Vaters (…)'. Der Gemeinde zugewandt breitet er die Hände aus und begrüßt sie mit: ‚Der Herr sei mit euch.'" Die Anwesenheit Christi wird inmitten der Gemeinde gesehen, weshalb der Priester zumeist auch hinter dem Altar der Gemeinde gegenüber steht. Wer an der vorkonziliaren Messe teilnimmt, wird auf manches verzichten müssen, was den Gemeinschaftscharakter der Liturgie bislang bestimmte, so etwa auf den Friedensgruß.

Besonders erstaunt, dass auch alle anderen Sakramente nach dem vorkonziliaren lateinischen Rituale erlaubt werden. Denn das galt in den meisten deutschen Diözesen nie. Rom hat ja weder sein Missale noch sein Rituale den Bistümern aufgezwungen. Wenn ein Bistum eine lange liturgische Eigentradition aufzuweisen hatte, konnte es seine eigene Liturgie beibehalten. Bei den Sakramenten gab es ein eigenes liturgisches Buch für alle deutschen Diözesen seit 1950, in dem viele Texte in der Muttersprache waren. Welchen Sinn macht es, etwa eine Taufe heute vollständig in Latein zu vollziehen, dazu noch mit Exorzismusgebeten, die das Zweite Vatikanische Konzil als unzumutbar empfand?

Dass bezüglich der konkreten Liturgiegestaltung vor Ort viel im Argen liegt, darf nicht der Reform selbst angelastet werden. Hierfür gilt heute noch der Satz der deutschen Bischöfe von 1980, wonach „sich bei vielen Priestern und Laien, Kirchenmusikern und Religionslehrern, Theologieprofessoren und Studenten neben viel persönlicher Vertrautheit ein oft kaum begreifliches Defizit an gottesdienstlicher Bildung" zeige[18]. Doch ist sicher auch die positive Würdigung durch die Bischöfe richtig, wonach das Bewusstsein gewachsen ist, dass Liturgie nicht nur vom Priester, sondern von allen Versammelten gefeiert werde und dadurch das Gespür gewachsen sei, „dass die Mitfeiernden zueinander gehören und miteinander Verantwortung tragen füreinander und für die Welt."[19]

[1] Der Text erschien unter dem Titel „Die Liturgie des Konzils. Zur Zulassung der lateinischen Messe durch Papst Benedikt XVI.", in: Frau und Mutter 90 (2007) 9, 6–8. Er wurde überarbeitet und mit Anmerkungen versehen.

[2] Vgl. Sekretariat der Deutschen Bischofskonferenz (Hg.), *Pastorales Schreiben Mitte und Höhepunkt des ganzen Lebens der christlichen Gemeinde. Impulse für eine lebendige Feier der Liturgie.* 24. Juni 2003 (Die deutschen Bischöfe. Hirtenschreiben und Erklärungen 74), Bonn ²2004.

[3] Ebd. 46.

[4] *Brief des Heiligen Vaters Papst Benedikt XVI. an die Bischöfe anlässlich der Publikation des Apostolischen Schreibens Motu proprio Summorum Pontificum über die römische Liturgie in ihrer Gestalt vor der 1970 durchgeführten Reform*, in: Sekretariat der Deutschen Bischofskonferenz (Hg.), Papst Benedikt XVI. *Apostolisches Schreiben Summorum Pontificum. Brief des Heiligen Vaters an die Bischöfe anlässlich der Publikation.* 7. Juli 2007 (VApS 178), Bonn 2007, 21–27: 21, in diesem Band 19–25:19.

[5] Ebd.

[6] SC 1.

[7] SC 26.

[8] Mt 18,20.

[9] Apostolisches Schreiben *Vicesimus quintus annus,* Nr. 4, in: DEL III, Nr. 6266.

[10] Vgl. SC 14; 26–29.

[11] Vgl. SC 21.

[12] SC 34.

[13] Ebd.

[14] Ebd.

[15] J. Ratzinger, *Die erste Sitzungsperiode des Zweiten Vatikanischen Konzils. Ein Rückblick,* Köln 1963, 35.

[16] *Brief* 22f.

[17] A.Gerhards, *Die „alte" und die „neue" Messe. Versuch einer Sondierung der Positionen,* in: Gd 41 (2007) 57–59:59.

[18] Der Liturgische Dienst. Papier Nr. 8 aus der Pressemappe der Deutschen Bischofskonferenz anlässlich des Papstbesuchs im November 1980.

[19] *Zwanzig Jahre Liturgiekonstitution,* in: Gd 17 (1983) 159.

Bemerkungen eines Laien, der die alte Messe liebt

von Robert Spaemann

Die alte römische Liturgie beginnt das neue Jahr am Oktavtag von Weihnachten mit dem Fest der Aufnahme Jesu in die Gemeinschaft des Volkes Israel, dem Fest der Beschneidung des Herrn, das im neuen Kalender einem Marienfest gewichen ist. In einer Predigt zu diesem Fest knüpfte der nachmalige Kardinal John Henry Newman an die Tatsache, dass der Sohn Gottes sich diesem jüdischen Ritual unterwarf, eine Betrachtung darüber an, dass die Kirche niemals in ihrer Geschichte einen alten Ritus oder eine alte Gottesdienstform abgeschafft habe. Alte Riten, so sagte Newman, könnten irgendwann außer Gebrauch kommen. Sie abzuschaffen wäre ein Anschlag auf die Gottesverehrung selbst und eine Beschädigung der Frömmigkeit, die in diesen Formen ihren Ausdruck gefunden und dadurch diese Formen geheiligt hat. Der heilige Papst Pius V. wusste das, als er auf Geheiß des Trienter Konzils das behutsam reformierte Missale Romanum einführte. Von dem Verbot aller anderen Messbücher in der lateinischen Kirche nahm er alle diejenigen aus, die älter als 200 Jahre waren, so z.B. den Ambrosianischen Ritus, von den Sonderriten der Orden, z.B. der Dominikaner oder der Kartäuser, gar nicht zu reden. Gegen den damals bereits herrschenden Drang zur Uniformierung hat sich der heilige Karl Borromäus sehr engagiert in der Verteidigung des Mailänder Ritus gegenüber dem Papst, einem Ritus, zu dem auch eine sechswöchige Adventszeit und ein späterer Beginn der Fastenzeit gehört. Dass es aber in Mailand seit jeher zwei Orte des römischen Ritus gibt, war nie ein Problem, entgegen der heute oft geäußerten Sorge, zwei Messliturgien in einer Stadt würden Verwirrung und Spaltung zur Folge haben.

Eine echte liturgische Revolution von oben gab es erstmals in der Geschichte der Kirche im Jahr 1969 mit der Einführung des Novus Ordo Missae, verbunden mit dem Verbot der Feier der Eucharistie nach dem Missale Romanum in der Edition von Johannes XXIII. aus dem Jahr 1962. Von dem Verbot ausgenommen waren nur sehr alte Priester. Das heißt: Das Verschwinden der alten Messe sollte biologisch vorprogrammiert werden. Schwere Sanktionen trafen diejenigen, die das Verbot nicht respektierten. Biblische Lesungen konnten ohne Sanktionen ersetzt werden durch profane Texte, aber das Sprechen des Psalmes „Judica" zu Beginn der Messe führte zum Verlust des Pfarramts. Wenn das Motu proprio „Summorum Pontificum" nun erklärt, das Missale Romanum sei nie abgeschafft oder verboten worden, so ist das einerseits eine späte Rehabilitierung derer, die das Verbot immer für ungültig hielten. Aber es ändert nichts daran, dass es Priestern und Gläubigen faktisch unmöglich gemacht wurde, innerhalb der Kirche und im Frieden mit ihr die „alte Messe" zu feiern.

Das Motu proprio Benedikts XVI. ist daher zuerst und vor allem eine Rückkehr zur kirchlichen Normalität und Legalität. Ob der Novus Ordo ein neuer Ritus ist oder nicht, darüber gehen die Meinungen auseinander. Es ist letzten Endes eine Definitionssache, wobei die Definitionsmacht beim Papst liegt, der hierbei auch juristische und pragmatische Gesichtspunkte zu berücksichtigen hat. Unbestreitbar allerdings ist, dass er phänotypisch als neuer Ritus erlebt wird, der vom alten viel weiter entfernt ist als der alte römische vom alten Mailänder Ritus. Johannes Paul II., der gefühlsmäßig ganz dem Novus Ordo zugetan war, sah es offenbar auch so, wenn er in einer Ansprache an die Mönche der Abtei St. Madeleine von Le Barroux die Schutzgarantie des Zweiten Vatikanischen Konzils für alle katholischen Riten ausdrücklich auch auf die alte römische Liturgie bezog. Übrigens benutzen auch die Verteidiger der Alleinstellung des Novus Ordo das Identitätsargument, aber eher aus taktischen Gründen. Normalerweise sagen sie das Gegenteil, nämlich dass die neue Messe Ausdruck einer neuen Ekklesiologie und eines neuen Verständnisses der Eucharistie sei. Diese Sicht drückte sich auch aus in dem ursprünglichen Einführungstext in das neue Missale, den Papst Paul VI. auf Intervention einiger Kardinäle später einstampfen und durch einen neuen, rechtgläubigen Text ersetzen ließ. Wenn das stimmt, dann allerdings kann ein Verbot der alten Liturgie nur illegal sein. Der Eindruck eines illegalen Putsches wurde erzeugt durch die Neuerer selbst. Man benahm sich, wie Putschisten sich benehmen.

Wäre es normal und mit rechten Dingen zugegangen, dann hätte doch jeder Regens seinen Alumnen nahe gelegt, einige Male die alte Messe z.B. bei Priestern der Petrusbruderschaft mit der Ehrfurcht und Liebe zu besuchen, die wir unserer eigenen Herkunft und der Gebetsform unserer Väter und Mütter im Glauben schulden. Der Verdacht der Illegalität der neuen Messe hätte sich gar nicht breit machen können. Langes Leben verspricht das Vierte Gebot denen, die Vater und Mutter ehren. Stattdessen mussten sich jahrelang Priesteramtskandidaten oder Assistenten Theologischer Seminare heimlich in die alte Messe wie in ein Bordell schleichen.

Das Motu proprio Johannes Paul II. „Ecclesia Dei" konnte nur eine Übergangslösung sein, weil es nicht selbst die Feier der Liturgie und der Sakramente in der alten Form erlaubte, sondern es nur den Bischöfen erlaubte, sie zu erlauben, und die Bischöfe bat, von dieser Erlaubnis großzügig Gebrauch zu machen. „Man muss die Bischöfe überzeugen" sagte Johannes Paul II. zu den drei Überbringern einer Petition mit 70.000 Unterschriften, darunter dem Abt von Le Barroux, der bei dieser Gelegenheit mit dem Papst konzelebrierte. Das Motu proprio „Ecclesia Dei" gab wenigstens denjenigen „Traditionalisten" eine gewisse Chance, die sehr engagiert, hartnäckig und zum Spießrutenlauf bereit waren. Aber sie blieben die Schmuddelkinder, mit denen ein anständiges Kind nicht spielt. Die Situation gleicht ein bisschen der des Synagogengottesdienstes im Mittelalter. Dessen Freiheit und Ungestörtheit war allerdings vom Papst garantiert, wenngleich einige spätere Päpste das Privileg den Juden vor die Füße warfen zum Ausdruck dessen, was sie von ihnen hielten.

Noch hat sich die Situation keineswegs überall gebessert. Immer noch kommt es vor, dass das Bild eines Primizianten in der Kirchenzeitung nicht abgedruckt werden darf, weil die Primiz in der Forma extraordinaria gefeiert wurde. Immer noch werden diese Christen vielerorts betrachtet als Leute, deren Ansprüche zwar schon von Johannes Paul II. als legitim anerkannt wurden, von denen man aber im Grunde wünscht, es gäbe sie gar nicht.

Ganz anders war seit langem das Verhalten von Kardinal Ratzinger. Er feierte selbst einmal das Osterhochamt nach dem alten Missale mit der fast überall diskriminierten Priesterbruderschaft St. Petrus in Wigratzbad und ein zweites Mal bei der Jahrestagung der Laienvereinigung „Pro Missa Tridentina" in Weimar. Die Freunde der alten Liturgie ermutigte er, standhaft zu bleiben.

Nun hat der Papst, wie ich sagte, die kirchliche Normalität dadurch wiederhergestellt, dass er einerseits auf der Kontinuität der „Bräuche" insistiert, andererseits aber der Tatsache Rechnung trägt, dass der Novus Ordo sich phänotypisch eindeutig von der alten Liturgie unterscheidet. Diese muss daher den Schutz erfahren, auf den jede in anderthalb Jahrtausenden gewachsene christliche Gebetsform Anspruch hat – wobei das Alter des Priesters keine Rolle spielen darf. Zwar geben unsere Bischöfe den Gläubigen des usus antiquior lieber alte als junge Diözesanpriester, geschweige denn Priester der Petrusbruderschaft, die fast alle jung sind – was sogar eines ihrer Probleme ist. Dabei liegt der Altersdurchschnitt der Besucher der alten Sonntagsliturgie – zumindest bei uns in Stuttgart – beträchtlich unter dem eines durchschnittlichen Pfarrgottesdienstes. Es ist ja ein nicht seltenes Phänomen, dass junge Menschen eine Tradition wiederentdecken, die von der Generation ihrer Eltern gering geschätzt und vernachlässigt wurde. Solche Rückbesinnungen sind natürlich nie wirklich Schritte rückwärts, sondern Aufbrüche in die Zukunft nach einem verloren geglaubten und wiederentdeckten Wegweiser.

Aber auch wenn dies alles unbestritten wäre, so bliebe doch die Frage: *warum* dieses Festhalten an der alten Liturgie? Alter ist ein Grund, aber kein hinreichender, wenn es nicht auch inhaltliche Gründe gibt, das Alte dem Neuen nicht zu opfern. Solche Gründe gibt es und sie sind es, die den Papst veranlassten, nicht mehr nur Toleranz gegenüber den frommen Gefühlen Fußkranker von den Bischöfen zu erbitten, sondern einen Schatz der Kirche zu verteidigen. Wäre alles Wertvolle des alten Usus im neuen aufgegangen und aufgehoben, dann gäbe es einen solchen Grund nicht. Eine kurze Aufzählung von Gründen kann daher auf Vergleiche mit dem Novus Ordo nicht verzichten. Und sie kann nur defensiv sein. Eine Begründung „von Grund auf" kann es der Natur der Sache nach hier nicht geben. Sie zu verlangen, verstieße gegen das vernünftige Prinzip, dass derjenige begründungspflichtig ist, der etwas Bestehendes und seit langem Gewachsenes ändern möchte. Eine Begründung des Missale Romanum von 1962 kann deshalb nur bestehen im Erzählen seiner Geschichte in all ihren Einzelheiten, Worten, Gesten, Zeichen, also den Rubriken, wie sie in dem großartigen Werk von Jungmann vorliegt. Das letzte Konzil hat der Asymmetrie in der Verteilung der Begründungspflicht nicht nur Rechnung getragen, sondern sie besonders strikt und rigoros gefasst, wenn es erklärte: „Schließlich sollen keine Neuerungen eingeführt werden, es sei denn, ein wirklicher und sicher zu erhoffender Nutzen der Kirche verlange es."[1] Dieser Satz allein genügt, um zu zeigen, dass der Novus Ordo Missae nicht als „Liturgie des Konzils" bezeichnet werden kann. Denn viele seiner Neuerungen widersprechen ganz offenkundig dieser Anordnung. Als „Messe des Konzils" kann allenfalls das Missale von 1965 gelten, das offiziell als solches vom damaligen Kardinalstaatssekretär präsentiert, bald darauf aber aus dem Verkehr gezogen und durch den Novus Ordo ersetzt wurde. Seither sitzt vielen Gläubigen das Misstrauen in den Knochen, es könne auch der Novus Ordo wieder nur ein Durchgangsstadium sein. Und in der Tat wird das ja auch von manchen Liturgikern gewünscht. Man kann aber nun nicht nachträglich mit Berufung auf eine „Tradition" von vierzig Jahren die Begründungspflicht einfach umkehren und von denen, die die vom Konzil missbilligten Neuerungen nicht eingeführt haben, Begründungen verlangen, zumal seinerzeit nur eine Minderheit von Mitgliedern der Bischofssynode der reformierten Liturgie, wie sie in der Sixtinischen Kapelle erstmals zelebriert wurde, ihr uneingeschränktes Placet gegeben hat.

In meinen Augen war es schon Ausdruck eines seltsamen Liturgieverständnisses, eine wirkliche Eucharistiefeier als „Probemesse" zu veranstalten. Beten die Teilnehmer in dieser Messe oder verhalten sie sich als kritische Beobachter? Beides gleichzeitig geht nicht.

Eine Aufzählung der Einzelheiten, aus denen die alte Messe ebenso wie jede andere besteht und deren Preisgabe nicht durch einen „mit Sicherheit zu erwartenden Nutzen der Kirche" gerechtfertigt ist, kann natürlich den tiefsten

Grund für das Festhalten an ihr nicht wirklich erklären. Das Ganze ist auch hier mehr als die Summe seiner Teile. Und Liturgie darf nicht ein am Schreibtisch und in Diskussionen erarbeitetes Konstrukt sein. Am besten hat das Konzil formuliert, was die Gläubigen der alten Liturgie erleben: „In der irdischen Liturgie nehmen wir vorauskostend an jener himmlischen Liturgie teil, die in der heiligen Stadt Jerusalem gefeiert wird, zu der wir pilgernd unterwegs sind, wo Christus sitzt zur Rechten Gottes, der Diener des Heiligtums und des wahren Zeltes. In der irdischen Liturgie singen wir dem Herrn mit der ganzen Schar des himmlischen Heeres den Lobgesang der Herrlichkeit."[2] In die gleiche Richtung weist, was das Konzil über die Liturgie des Stundengebetes sagt: „Als der Hohepriester des Neuen und Ewigen Bundes, Christus Jesus, Menschennatur annahm, hat er in die Verbannung dieser Erde jenen Hymnus mitgebracht, der in den himmlischen Wohnungen durch alle Ewigkeit erklingt."[3] Die Schechina, die Herrlichkeit, wird in der Feier der Liturgie präsent – in der alten wie in der neuen, gewiss. Aber diese Präsenz zu *erleben*, das ermöglicht der Ostkirche die Liturgie des heiligen Chrysostomus und uns die alte römische Liturgie in all ihren Formen, vom feierlichen Pontifikalamt bis hin zur „stillen Messe", wo wie in Jakobs Traum die Engel Gottes auf- und niedersteigen, sodass die Kirche im Introitus des Kirchweihfestes Jakobs Ausruf aufnehmend singt: „Terriblis est locus iste. Hic est domus Dei et porta caeli." Im Hochgebet, dem Römischen Kanon, nimmt die Kirche jedes Mal ausdrücklich Bezug auf den Engel, der für die Einheit von irdischer und himmlischer Liturgie steht: „Dein heiliger Engel möge dieses Opfer auf deinen himmlischen Altar emportragen vor das Angesicht deiner göttlichen Majestät." – Es gibt verschiedene Akzente der Liturgie, legitime Akzente. Keiner der Riten der Kirche kann beanspruchen, das, was hier geschieht, vollständig und adäquat zum Ausdruck zu bringen. Aber dass der Novus Ordo, so wie er tatsächlich gefeiert wird, die Einheit von himmlischer und irdischer Liturgie ebenso anschaulich macht, das wird, denke ich, niemand im Ernst behaupten, der die Beschreibung der Liturgie des Lammes in der Apokalypse kennt. Aber nun doch endlich einige wenige beispielhafte Gesichtspunkte, die das Festhalten am Missale Papst Johannes XXIII. und seine Neuauflage im Jahre 2007 rechtfertigen und verständlich machen sollen. Es sind Gesichtspunkte eines Laien, nicht eines Liturgiewissenschaftlers, Gesichtspunkte, die ich zudem nur unsystematisch aufreihen kann.

1. Da ist zunächst die Forderung Papst Pius X., die das Zweite Vatikanische Konzil erneuerte, die Forderung einer actuosa participatio, einer realen Teilnahme der Gläubigen an dem heiligen Geschehen. In Ländern wie Italien oder Polen war diese Forderung bis zum Konzil weitgehend unerfüllt geblieben, obschon z.B. Rosmini sie nachdrücklich erhoben hatte. So verbindet sich in diesen Ländern der Gedanke der actuosa participatio mit der nachkonziliaren Liturgie. Und das wiederum erklärt – darauf wies schon Kardinal Ratzinger mehrfach hin –, dass es in diesen Ländern im Unterschied zu Frankreich, England und Deutschland keinen bedeutenden Widerstand gegen die nachkonziliare Reform gab. Ich selbst bin mit der actuosa participatio in den 30er- und 40er-Jahren des 20. Jahrhunderts groß geworden. Der gregorianische Gesang war in den Pfarrkirchen der Bistümer Köln und Münster Gemeingut. Als im Krieg die Mönche der Abtei St. Joseph in Gerleve vertrieben waren, hatte ich mit meinen 15 Jahren das Privileg, am Ostersonntag sozusagen in Vertretung des Konvents in der Abteikirche das Proprium zu singen, und die Bauernkinder der umliegenden Höfe schmetterten das Gloria und die anderen Gesänge des Ordinariums, dass es durch Mark und Bein ging, wohl vorbereitet durch den Lehrer der Gerlever Volksschule.

Erst 20 Jahre später erklärten ihnen Priester, dass sie das alles doch gar nicht verstanden. Man konnte nur gleichzeitig lachen und weinen über diesen Unsinn.

Worin besteht actuosa participatio? Erstens und vor allem in der echten inneren Teilnahme an dem, was hier geschieht. Zweitens in der aktiven Beherrschung und Ausübung des Parts, der nach den liturgischen Regeln dem Volk zukommt. Zwar „(…) werden die Gebete, die der Priester, in der Rolle Christi an der Spitze der Gemeinde stehend, an Gott richtet, im Namen des ganzen heiligen Volkes Gottes und aller Umstehenden gesprochen."[4] Aber: „Es soll jedoch Vorsorge getroffen werden, dass die Christgläubigen die ihnen zukommenden Teile des Mess-Ordinariums auch lateinisch miteinander sprechen oder singen können."[5] Wer die actuosa participatio nach beiden Hinsichten und in der Konkretisierung, die das Konzil ihr gibt, praktiziert sehen möchte, der muss in der Regel in eine Eucharistiefeier nach dem Missale Johannes XXIII., also in die „alte Messe" gehen.

2. Ein zweiter Punkt betrifft die Rolle des Priesters. Die alte Liturgie ist weniger priesterzentriert als die neue. Das wird am auffälligsten durch die neue Gebetsrichtung des Priesters. Die Arbeiten von Klaus Gamber und Michael Lang – mit Vorwort von Joseph Ratzinger – haben gezeigt, dass es eine Gebetsrichtung „versus populum" im heutigen Verständnis nie gab. Der Anschein einer solchen entstand durch Kirchen, die nicht geostet waren, in denen aber der Priester nichtsdestoweniger nach Osten, dem wiederkommenden Herrn, entgegenblicken sollte. Das Konzil geht von einer ähnlichen Raumvorstellung aus, wenn es davon spricht, dass der Priester „Gott gegenüber an der Spitze der Gemeinde" als des dem Herrn entgegenpilgernden Gottesvolkes steht. Nach dem Konzil wurde er in fast allen Kirchen der Gemeinde gegenübergestellt, die nun die ganze Messe über dem Priester ins Gesicht schauen muss. Die Priester

und Volk einschließende Dynamik wird gewissermaßen „gestoppt", die Gemeinsamkeit der Blickrichtung geopfert und viele Hochchöre unserer Kathedralen werden funktionslos. Der Priester solle, so heißt es, dem Volk nicht den Rücken zukehren. Da haben wir schon wieder die Fixierung auf den Priester. Mein Vordermann in der Kirche kehrt mir natürlich auch den Rücken zu. Was soll er denn sonst tun? Aber mich interessiert sein Rücken nicht, sondern uns verbindet ein gemeinsames Interesse an dem, wohin wir schauen. Und das ist gewiss nicht der Rücken des Priesters. Ich kann mir nicht helfen – der Eindruck einer Unterrichtsstunde ist aufdringlich. Es ist der Eindruck, der Priester bete uns etwas vor, wie der Lehrer einer Klasse ein Gebet vorspricht. Aber das ist der Tod jeden Gebetes. Das Gebet des Priesters kann nur auf die Gläubigen wirken durch Ansteckung, nicht als Belehrung. Ich weiß nicht, ob es dem Gebet des Priesters förderlich ist, immer die Leute vor sich statt hinter sich zu haben. Schon vor vielen Jahren schrieb mir der damalige Bischof von Rottenburg, Walter Kasper, dass es sich dabei auf die Dauer um eine Überforderung des Priesters handle.

Das Sprechen von Gebeten mit dem Gesicht zum Publikum hat sich inzwischen in absurder Weise ausgebreitet. Bei Kindergottesdiensten oder bei Erstkommunionen lässt man Kinder vor das Mikrofon treten und Gebete hineinsprechen. Glaubt denn jemand wirklich, ein solches Kind könnte in diesem Augenblick *beten*? Aber was soll man davon halten, wenn bei der Fronleichnamsprozession ein sonst als „konservativ" geltender Bischof an den vier Altären jedes Mal der Monstranz den Rücken zukehrt und seine Fürbitten zu den Leuten hin spricht? Ich bin über jedes Kind froh, das nicht dabei ist. Alles was es – hoffentlich! – gelernt hat über die wirkliche Gegenwart Jesu unter der Brotgestalt, muss sich doch in Luft auflösen, wenn es sieht, dass der Bischof zu Jesus spricht, der Brotgestalt aber währenddessen den

Rücken zukehrt. Ich habe einmal einen jüngeren Pfarrer, der das Gleiche tat, darauf aufmerksam gemacht. Er dankte mir. Er hatte noch nie darüber nachgedacht und sagte, er werde das nie wieder tun.

In der alten Liturgie ist der Priester so wenig wie irgendjemand „Herr des Verfahrens". Dass der Priester sich in der neuen Liturgie so viele illegitime Freiheiten herausnehmen kann, wie er will, hängt damit zusammen, dass es so viele legitime gibt. Der normale Kirchgänger merkt es meist gar nicht, wenn der Priester aus dem Hochgebet jedes Wort, das an „Opfer" erinnert, entfernt oder sogar ein frei erfundenes Hochgebet an Jesus statt an den Vater richtet. Bei so vielen inzwischen approbierten Hochgebeten bleibt der einfache Gläubige auf der Strecke. Wer dies aber einmal bemerkt, der findet oft den Weg zu einer Eucharistiefeier alter Art, in der der Priester nicht schalten und walten kann, wie er oder wie der Liturgieausschuss es will.

Ich gebe noch ein Beispiel zur Illustration dessen, was ich sagen möchte. In der neuen Messe teilen viele Priester die Kommunion erst an einige oder an alle Gläubige aus, ehe sie selbst kommunizieren. Das ist eine Bescheidenheitsgeste, die von einer falschen Voraussetzung ausgeht, nämlich der, der Priester sei hier der Gastgeber und müsse die Höflichkeit des Gastgebers praktizieren. Dazu gehört auch, dass viele Priester am Ende der Messe den Leuten danken, dass sie gekommen sind, so, als wären sie des Priesters wegen gekommen. Denn Gott bedankt sich nicht, wenn wir kommen, um ihm zu danken. Ehe der Priester den Leib des Herrn austeilt, muss er ihn selbst empfangen haben. So sieht es auch das Konzil, wenn es ausdrücklich verlangt, dass „die Gläubigen nach der Kommunion des Priesters (…) den Herrenleib entgegennehmen"[6] sollen.

3. Hier wie an anderen Stellen kann mir entgegengehalten werden, dass das, was ich im usus antiquior als bewahrens-

wert rühme, doch auch im neuen möglich sei. Das mag so sein. Aber mich und viele Teilnehmer der alten Messe interessiert nicht das theoretisch Mögliche, sondern das in aller Regel Wirkliche, auf das überall in der Welt Verlass ist, unabhängig von der Persönlichkeit und subjektiven Orientierung des Priesters. Hat man einmal die falschen Voraussetzungen verinnerlicht, dann erscheinen alle Ermahnungen aus Rom, sich keine Eigenmächtigkeiten zu erlauben, als Knebelung der Kreativität, als Versuch, aus dem Priester eine Zelebrationsmaschine zu machen. Erst wenn die ins Detail gehenden Rubriken des Missale Romanum in ihrem Sinn verstanden, verinnerlicht und zur zweiten Natur geworden sind, können sie wie eine bedeutende Choreografie ungezwungene Schönheit hervorbringen.

4. Ein weiteres Detail ist das Sündenbekenntnis zu Beginn der Messe, das Confiteor. In der alten Liturgie wird es zweimal gesprochen. Erst bekennt der Priester Gott, allen Engeln und Heiligen, von denen einige namentlich genannt werden, sowie der ganzen Gemeinde seine Sünden und bittet sie, für ihn zu beten. Dann tut die Gemeinde das Gleiche, und jeder bittet den Priester um sein Gebet. Im Novus Ordo ist das Confiteor nur noch fakultativ, die Namen Michael, Petrus, Paulus und Johannes der Täufer, die die Adressaten konkretisieren, sind verschwunden – zum „großen Nutzen der Kirche", wie ich annehmen muss. Aber dann folgt etwas psychologisch nicht Nachvollziehbares, das den ganzen Akt zur Simulation macht. Ich bitte nämlich meine Brüder und Schwestern um ihre Fürbitte, aber die Brüder und Schwestern hören gar nicht zu, weil sie gleichzeitig die gleiche Bitte an mich richten. Unsere Worte gehen gemeinsam ins Leere. Und das nur, um eine Gemeinsamkeit von Priester und Volk zu demonstrieren, die man durch die entgegengesetzte Gebetsrichtung zuvor gründlich beseitigt hat.

5. Die Leseordnung ist vollständig erneuert worden und

um die Möglichkeit von drei Sonntagslesungen, darunter einer alttestamentlichen, erweitert. In den meisten Kirchen wird aber, meiner Erfahrung nach, von dieser Möglichkeit kaum Gebrauch gemacht, während die alttestamentlichen Lesungen an den vierzig Tagen der Fastenzeit in der alten Liturgie obligatorisch sind.

Über Vor- und Nachteile kann man debattieren. Gewiss, die Sonntagskantaten von Bach sind jetzt nicht mehr in ihrer Zuordnung verständlich, weil sie sich auf die alte, Katholiken und Protestanten in weiten Teilen gemeinsame, Leseordnung beziehen. Aber durch den dreijährigen Lesezyklus hören wir im Lauf der Jahre viel mehr Schrifttexte als früher. Andererseits prägten sich bei der alljährlichen Wiederholung die weniger zahlreichen Texte mehr ein, sodass es eine offene Frage ist, bei welchen Gläubigen die Schriftkenntnis größer ist. Und wenn am Fronleichnamstag nun sechs Texte zur Verlesung kommen, die alle Bezug zur Eucharistie haben, dann weiß am Ende fast niemand mehr, um welche Texte es sich handelte, sehr im Unterschied zur alten Liturgie, in der an jedem der vier Altäre der Anfang eines der vier Evangelien gelesen oder gesungen wird, und das prägt sich jedem Kind ein. Trotz des üppigen Angebots an Eucharistietexten hat man aber im neuen Lektionar sowohl an Fronleichnam als auch am Gründonnerstag aus dem Einsetzungsbericht des Apostels Paulus den Satz entfernt, der sagt, der Mensch müsse sich vor dem Empfang des Sakraments prüfen, um sich nicht durch unwürdigen Empfang das Gericht zu essen und zu trinken. Sollte wirklich dieser Satz gerade heute überflüssig sein, wo regelmäßig alle Besucher der Liturgie zur Kommunion gehen, ohne dass einer sich veranlasst sieht, vorher zu beichten? Ist in der Kirche des Westens wirklich die schwere Sünde auf wunderbare Weise verschwunden? Vor 150 Jahren hätte man vielleicht auf Vorlesung des Satzes verzichten können, aber heute?

6. Vor 100 Jahren hätte man vielleicht auch darauf verzichten können, jeden Sonntag mit dem Nizänischen Credo zu bekennen, dass Jesus „Licht vom Licht, wahrer Gott vom wahren Gott" ist. In der neuen Messe ist dieses Glaubensbekenntnis fast vollständig durch das Apostolische Glaubensbekenntnis ersetzt, so, als wäre heute die Gottheit Jesu selbstverständliches Gemeingut unter Katholiken und als hätte nicht einer der berühmtesten Theologen sich geweigert, das Nizänische Credo vor dem damaligen Erzbischof von Köln, Kardinal Höffner, zu unterschreiben. Und wie steht es hier mit der ökumenischen Gesinnung? Die gesamte Kirche des Ostens ebenso wie die anglikanische Kirche spricht Sonntag für Sonntag das große Credo.

Und wieso ist es von „großem und sicher zu erwartenden Nutzen für die Kirche", dass wir in der neuen Liturgie beim „Et incarnatus est" nicht mehr niederknien – außer an Weihnachten? Das „geboren aus der Jungfrau Maria" im Apostolicum ist freilich für das Niederknien zu kurz. Aber wenn in der Orchestermesse des Stephansdoms der Erzbischof von Wien die Leute an Weihnachten auf diese Rubrik aufmerksam macht, dann ziemlich vergeblich. Der Brauch ist gestorben. Uns erinnert dieser Brauch daran, dass wir hier des Augenblicks gedenken, um den sich die ganze Weltgeschichte dreht.

7. Ein weiterer Vorzug der alten Messe ist es, dass die kanonischen Texte in jeder Messe wenigstens von einem gesprochen werden, nämlich vom Priester, der das Gloria und das Credo auch dann am Altar rezitiert, wenn das Volk, wie es gelegentlich der Fall ist, ein deutsches Glorialied oder Credolied singt, das den liturgischen Text nur paraphrasiert. Dass er allerdings die liturgischen Texte, auch wenn sie von Chor und Volk gesungen werden, leise am Altar rezitiert, gehört zu den Zöpfen, gegen deren Abschneiden niemand etwas hätte, wenn nicht so vieles Schöne und Sinnvolle zu-

gleich abgeschnitten würde. Das Misstrauen gegen alle Reformen gab es ja nach dem Konzil gar nicht. Es wurde erst durch die Revolutionäre provoziert.

8. Dann sind da die Gebete zur Gabenbereitung, die gänzlich gestrichen wurden und an deren Stelle ein Segensgebet in Anlehnung an jüdische Gebetsweisen getreten ist. Es ist dies wohl der tiefste Eingriff des Novus Ordo in die römische Liturgie. Es sollte dadurch wohl klargestellt werden, dass das Opfer, das wir darbringen, nicht Brot und Wein sind, sondern Leib und Blut Christi, aber das ist erst bei oder nach der Konsekration möglich. Die „Verdoppelung" des Opferritus wird als Verunklärung verstanden. Brot und Wein werden in der alten Liturgie übrigens ebenso wie in der Proskomidie der Ostkirche bereits als „heilige und makellose Opfergaben" verstanden, sobald sie auf dem Altar bereitet werden. Es ist in der Tat so, dass die alte Liturgie noch nicht durch das scholastische Denken gefiltert ist. Das heilige Geschehen wird als ein Ganzes betrachtet, in das die Konsekrationsworte in Form eines Relativsatzes eingefügt sind, das aber mit der Darbietung von Brot und Wein beginnt. Auf sie fällt bereits der Glanz dessen, was Gott nun aus ihnen machen wird. Hierzu wird im „Veni Sanctificator" der Heilige Geist auf die Gaben herabgerufen. Mit der Opferung ist auch diese, für die Ostkirche so wesentliche Epiklese, entfallen. Sie ist auf die eine oder andere Weise nun in die neuen Hochgebete integriert. Aber wo in der neuen Messe der alte römische Kanon gesprochen wird, entfällt sie mit der Opferung ganz. Eine Eigentümlichkeit der Opferungsgebete ist es auch, dass sie, im Unterschied zum Hochgebet, „Priestergebete" sind, d.h. Gebete, in denen der Priester nicht im Namen der Gemeinde, sondern in eigenem Namen um Annahme des Opfers betet. Alles in der Liturgie ist personal und konkret und das Messopfer nennt der Priester im „Orate fratres" nicht „unser Opfer", sondern „mein und euer

Opfer". Jeder soll während der Opferung sich selbst in das Opfer Christi, dessen Darbringung im Hochgebet mit der Präfation beginnt, ebenso persönlich und individuell hineingeben und „ich" sagen, wie es der Priester tut.

9. Der Höhepunkt der Eucharistiefeier im engeren Sinn, das Hochgebet, ist in der alten Liturgie nur eines, nämlich der so genannte Römische Kanon. Es gibt ihn auch in der neuen Liturgie als eine Möglichkeit unter anderen. Er verbindet uns mit den christlichen Jahrtausenden und darüber hinaus mit dem Opfer Abels, Abrahams und Melchisedeks, ja, mit allen Opfern der Menschheit durch die Jahrtausende, die in diesem Opfer ihre Erfüllung und ihr Ende finden. Man kann aber heute jahraus, jahrein, landauf, landab in die Messe gehen, ohne ein einziges Mal dieses Hochgebet zu hören. In Priesterseminaren wurde es ausdrücklich untersagt, diesen Kanon zu sprechen. Papst Benedikt XVI. spricht ihn nun bei fast allen feierlichen Gelegenheiten. Dieses Hochgebet stößt auf vielfache Kritik. Ich weiß nicht, ob es den Kritikern bewusst ist, dass die Kirche seit dem Trienter Konzil jeden exkommuniziert, der die doktrinäre und spirituelle Untadeligkeit dieses Gebets bestreitet. Mit keinem Gebet – außer natürlich dem Vaterunser – hat die Kirche sich selbst so identifiziert, wie mit diesem.

Wer danach sucht, wird es heute fast nur in der Feier der alten Liturgie finden. Da wird es allerdings leise gesprochen, also als Arcanum behandelt. Die Eingeweihten, d.h. die mit der Liturgie Vertrauten, kennen es auswendig „par cœur", wie die Franzosen so schön sagen. Sie singen noch das „Sanctus", wenn der Priester bereits begonnen hat, das Hochgebet zu sprechen. Parallelaktionen stören nicht, sie gehören zu einer lebendigen Liturgie. Es gibt Argumente für das laute Sprechen des Kanons und es gibt Argumente für das leise. In der katholischen Kirche finden sich schließlich nun beide Formen. Es gibt auch Argumente für die Beseitigung der Ikonostase, die die heilige Handlung dem Blick der Gläubigen – und Ungläubigen – entzieht. Aber kaum jemand in der Ostkirche würde vorschlagen, das zu tun. Gegen das laute Sprechen des Hochgebets in der neuen Liturgie ist nichts zu sagen, wohl aber gegen die Benutzung des Mikrofons auf dem Altar. Sie verunklärt einfach das Wesen dieses Gebets, so als seien wir, die Gläubigen, die Adressaten. Die Braut spricht zu ihrem himmlischen Bräutigam nicht durch einen Lautsprecher. Ein junger Mensch, der sich mit dem Gedanken trug, sich in der katholischen Kirche taufen zu lassen, ging einmal mit mir in eine kleine Kirche außerhalb der Gottesdienstzeit. Er sah plötzlich ein Mikrofon auf dem Altar stehen. Abrupt sagte er zu mir: „Die katholische Kirche ist wohl doch nicht das Richtige. Sie nimmt offenkundig ihre eigenen Altäre nicht ernst." Leider konnte ich ihn damals noch nicht in eine Messe des usus antiquior mitnehmen. Aber sogar wenn der Priester, wie in der neuen Messe, den Kanon hörbar spricht, so heißt das noch nicht, dass jedermann in der Kirche jedes Wort hören muss. Es ist ohnehin eine lästige Bevormundung, mir während der Messe jeden Winkel zu rauben, in den ich mich vielleicht wegen meiner augenblicklichen Verfassung zurückziehen möchte. Unerbittlich erreicht mich der Lautsprecher. Und es fängt nun schon an, dass in manchen sehr großen Kirchen in den Seitenschiffen riesige Monitore aufgestellt werden, die es jedem erlauben bzw. jeden, der die Augen aufschlägt, nötigen, das Geschehen auf dem Altar aus der Nähe zu verfolgen. Bei der Wandlung knien dann die Leute nicht in Richtung des vielleicht fast unsichtbaren Altares, sondern vor einem der Monitore, die ohnehin eine Verunzierung der Kathedrale sind.

10. Das Vaterunser wird in der alten Liturgie nicht gemeinsam mit dem Priester gesprochen oder gesungen, übrigens im Unterschied zur Ostkirche. Schon der heilige Augusti-

nus sprach es allein und Gregor der Große verteidigte diesen Brauch der Lateiner gegen die Kritik der Griechen. Gewiss ist das Vaterunser das Gebet der ganzen Gemeinde. Aber es ist ein großes Missverständnis, Gebete der Gemeinde müssten von allen gemeinsam gesprochen werden. Stellen wir uns eine Pfarrgemeinde vor, die anlässlich eines Bischofsbesuchs dem Bischof ein Anliegen vortragen möchte. Natürlich wird sie das nicht im Chor tun, sondern durch einen Sprecher. Die Römische Liturgie sieht den Chorgesang vor für Akklamationen, Hymnen und ritualisierte Wiederholungen, z.B. Sanctus und Agnus Dei. Gebete im engen und strengen Sinn des Wortes werden von einer Stimme vorgetragen. Das ist auch psychologisch begründbar. Meine „actuosa participatio", meine innere Anteilnahme, mein Mitvollzug des Gebets Satz für Satz ist einfach intensiver, wenn ich seinem Vortrag in meinem Namen zuhöre als wenn ich es im Chor singe. Es ist eine andere Art des gemeinsamen Gebets. Die alte Liturgie bewahrt diese Form und ich kann nur bedauern, wenn Gemeinden und Klöster auch in der alten Liturgie den gemeinsamen Gesang des Pater noster einführen, als sei dies die logische Folgerung aus der Tatsache, dass es sich um ein Gebet der Gemeinde handelt. Durch das gemeinsame Sprechen des letzten Satzes „Sed libera nos a malo" kommt diese Tatsache jedes Mal unzweifelhaft zum Ausdruck, ebenso wie durch das „Amen" aller am Ende des Hochgebets.

11. Was die Austeilung der heiligen Kommunion betrifft, so haben die mit der alten Liturgie verbundenen Priester und Gläubigen festgehalten an der Tradition der Mundkommunion, entsprechend dem Votum des Weltepiskopats unter Paul VI. und dessen Schreiben „Memoriale Domini". Sie haben für dieses Festhalten keinerlei Begründungspflicht. Aber natürlich gibt es Gründe und die sind deutlicher als zur Zeit der Einführung der Handkommunion. Der Glaube an die reale Gegenwart des Herrn unter den Gestalten

von Brot und Wein hat, auch unter den Messbesuchern, erwiesenermaßen abgenommen. Entsprechend hat dies auch die Ehrfurcht vor dem Sakrament, wie unmittelbar sichtbar wird, wenn man die durchschnittliche Weise des Kommunionsempfangs in einer normalen Pfarrkirche beobachtet. Die heutige Mundkommunion hat, was die ehrfürchtige Behutsamkeit im Umgang mit den heiligen Gestalten betrifft, mehr Ähnlichkeit mit der Handkommunion der alten Kirche oder z.B. der heutigen koptischen Kirche als die im heutigen Westen praktizierte Handkommunion, wo sich viele Kommunizierende im Weggehen die Hostie in den Mund schieben. Kindern, die das sehen und bald selbst praktizieren, ist es schwer zu vermitteln, dass sie es hier wirklich und wahrhaft mit dem lebendigen Leib des auferstandenen Herrn zu tun haben. Man kann es einfach nicht glauben. Und warum soll sich der Priester nach der Kommunion die Finger über dem Kelch waschen und das Wasser anschließend aus dem Kelch austrinken, wenn die Gläubigen, die doch ebenfalls den Leib des Herrn in der Hand hatten, nichts dieser Art zu tun gehalten sind und der Kommunionhelfer auch nicht? Wo die Handkommunion praktiziert wird, ergibt sich eine weitere Misslichkeit: Da man die geheiligte Sitte der Mundkommunion nicht verbieten kann, ergibt sich ausgerechnet bei der Kommunion, dem Gemeinschaftsmahl der Kirche, die Misslichkeit, dass sich die Gläubigen in zwei Gruppen teilen und man sich zu der einen oder der anderen schlagen muss, weil es eine gemeinsame verbindliche rituelle Form dieses Kommunionempfangs nicht gibt.

Ehrfurcht ist eine Grundhaltung im Raum der alten römischen Liturgie. Das bedeutet vor allem: Unterscheidung des Leibes und Blutes Christi und die Sorge – die nichts zu tun hat mit Skrupulantentum und Angst –, sich nicht „das Gericht zu essen und zu trinken". Katholiken beichten nicht vor jedem Kommunionempfang. Aber heute beichten sie fast gar nicht und wir haben es offenbar mit Gemeinden zu tun, in denen, da ja alle zur Kommunion gehen, schwere Sünden nicht mehr vorkommen. Da geht es im Raum der alten Liturgie doch realistischer zu. Vor Beginn der Messe gibt es immer eine kleine Schlange von Jungen und Alten vor dem Beichtstuhl, auch, wenn kein Weltjugendtag mit Papst ist.

12. Ein eindeutiger Vorzug des Novus Ordo allerdings ist es, dass in ihm der Empfang unter beiden Gestalten bei besonderen Gelegenheiten möglich ist. Da das Konzil dies ausdrücklich verlangt, ist allerdings nicht zu sehen, warum das nicht auch in der alten Liturgie eingeführt werden sollte, allerdings ohne den von der Kirche ausdrücklich verurteilten Missbrauch, dass der Kommunizierende die Hostie selbst in den Kelch eintaucht – um auf jeden Fall den Empfang in den Mund zu umgehen.

13. Die alte Liturgie kennt die Konzelebration nur im Zusammenhang mit der Priesterweihe als Zelebration der Neugeweihten mit dem Bischof. Normalerweise gibt es nur die Einzelzelebration, zu der nach der Vorschrift des Konzils jeder Priester das Recht hat, ein Recht, das leider heute auf die vielfältigste Art – vom moralischen Druck bis zur faktischen Verunmöglichung – ausgehebelt wird. Dass in der Messe der Priester „in persona Christi" handelt, wird in den meisten Konzelebrationen, wo ein Block von Klerikern die Einsetzungsworte spricht, eher verunklart. Andererseits ist die alte Liturgie in der Betonung des Gemeinschaftscharakters der Messe strikter als die neue, die die Zelebration „ohne Gemeinde" als eine eigene Form vorsieht, wobei „aus einem gerechten und vernünftigen Grund" auch auf den sonst obligatorischen Altardiener verzichtet werden darf, während eine solche Zelebration in der alten Ordnung nur mit besonderer Genehmigung des Bischofs erlaubt war. Charles de Foucault musste als Einsiedler unter Moslems

lange Zeit auf die Feier der heiligen Messe verzichten, weil er allein war.

14. Das Konzil hat die lateinische Sprache als Konzilssprache der lateinischen Kirche ausdrücklich festgeschrieben, indem es zugleich die Volkssprache für Teile des Wortgottesdienstes, insbesondere für die Lesungen erlaubte. Das Motu proprio „Summorum Pontificum" bestätigt diese Erlaubnis nun auch für die Lesungen nach dem alten Missale. Die Vorzüge des Latein als Liturgiesprache hatte schon der kritische und reformfreudige Antonio Rosmini klar benannt: die Verbindung mit der Tradition, die Universalität und die Sicherung der Rechtgläubigkeit der unveränderlichen Texte. Johannes XXIII. hat der Verteidigung des Latein als Theologie- und Kultsprache eine eigene Enzyklika gewidmet. Als Lösung der Probleme, die durch diesen Gebrauch entstehen – Entfremdung von Priester und Volk –, schlug Rosmini zweisprachige Messbücher vor, also das, was bei uns später der „Schott" war. Für das Ordinarium Missae gilt allerdings, dass das katholische Volk es – zumindest in unserem Land – gewiss dank solcher Messbücher, längst in- und auswendig kannte und verstand, soweit hier „Verstehen" überhaupt der richtige Begriff ist. Dass man in der eigenen Muttersprache besser als in einer fremden beten könne, ist ein falscher Einwand. Das öffentliche liturgische Gebet ist etwas anderes als das private. Beide müssen einander befruchten. Aber der Gebrauch einer Kultsprache ist in den meisten Religionen verbreitet. Auch das Kirchenslawisch ist nirgendwo Umgangssprache. Und auch Jesus hat die Psalmen nicht in seiner aramäischen Muttersprache gebetet, sondern auf Hebräisch, was ja zu dem Missverständnis des Rufs „Eli, Eli, lema sabachtani" führte. Auch die „neue Messe" soll in der Regel nach dem Willen des Konzils auf Lateinisch gefeiert werden und wird wohl in Zukunft wegen der Konkurrenz der alten Liturgie tatsächlich wieder öfter einmal so gefeiert. In

der alten Liturgie wird dem Willen des Konzils zuverlässig entsprochen, sodass heute oft die Worte „lateinische Messe" und „alte Messe" synonym gebraucht werden.

15. Die neue Liturgie sieht die Ausdehnung des Friedensgrußes, den es in der alten nur im feierlichen Hochamt zwischen Priester, Diakon und Subdiakon gibt, auf alle Gläubigen vor. Das ist eine schöne Neuerung, die von den Mönchsgottesdiensten genommen ist. Aber die Praxis ist leider abschreckend, sodass man froh ist, sie in der alten Messe nicht anzutreffen. Es ist nämlich ein plötzliches Herausfallen aus dem sakralen und rituellen Zusammenhang in den Austausch bürgerlicher Freundlichkeiten – „ein Zeichen des Friedens und der Versöhnung", wie es in der deutschen Übersetzung heißt. Es geht aber gar nicht bloß um ein Zeichen, es geht um die Sache selbst. „Offerte vobis pacem" heißt es im lateinischen Original. Die Sache selbst ist der Friede, den Christus gibt, und zwar „nicht wie die Welt ihn gibt". So küsst in der alten Messe der Priester erst den Altar und empfängt von ihm den Frieden, den er dann weitergibt. Und so soll er dann vom Priester empfangen und als empfangener an den Nächsten weitergegeben werden wie das Licht in der Osternacht. Der Priester darf sich nicht vom Altar und den heiligen Gestalten entfernen, sondern zwei Gläubige sollen zum Altar kommen, um den Frieden zu empfangen und dann weiterzugeben. Aber hier gleite ich von meinem Thema zu einem anderen, der „Reform der Reform", die vielleicht einmal die beiden Formen des römischen Ritus wieder zusammenführt. Aber das steht in unserer Generation nicht auf der Tagesordnung.

16. Einen Kritikpunkt muss ich noch nennen, der gegen die Legitimierung der alten Liturgie vorgebracht wird, nämlich die These, die Karfreitagsfürbitte für die Juden sei antijudaistisch oder falle doch zurück in eine überwundene Sicht des Verhältnisses von Juden und Christen. Dieser

Meinung kann man nur sein, wenn man annimmt, die Kirche sei nicht mehr, wie von Anfang an, „Kirche aus Juden und Heiden", sondern nur noch Heidenkirche, Jesus habe aufgehört, der verheißene Messias der Juden zu sein, der „Schleier über ihrem Herzen" bei der Lesung der Propheten, von dem Paulus spricht, sei inzwischen aus unerfindlichen Gründen verschwunden und der Wunsch des heiligen Paulus, selbst von Christus getrennt zu sein, wenn er seine Brüder im Fleisch für Christus gewinnen könne – all das sei überholt. Der verlorene und heimgekehrte Sohn brauche sich nicht mehr zu bemühen, den älteren Bruder immer wieder einzuladen, an dem Familienfest teilzunehmen. Das scheint zwar die Meinung des Vorsitzenden der Deutschen Bischofskonferenz zu sein, eine Grundlage in der Schrift und in der Tradition hat es nicht. Eine solche Grundlage haben eher die christusgläubigen „messianischen Juden" in Israel, die den Status der Judenchristen in der apostolischen und frühchristlichen Zeit erneut anstreben. Statt die Juden auf einen jesuslosen eigenen Weg zu verweisen, wäre es eher angemessen, in jeder Kirche die vorderste Bankreihe freizuhalten für die bis jetzt noch abwesenden Juden. Die Fürbitte am Karfreitag in der alten Liturgie betet, „dass Gott der Herr den Schleier von ihren Herzen nehme, damit auch sie Jesus, den Messias, unseren Herrn erkennen." Dass der Name Jesus in den neuen Fürbitten für die Juden gar nicht mehr vorkommt, macht diese Fürbitte eindeutig defizitär. Sie wirkt, als sei sie von nicht christlichen Juden oder aber von Antisemiten verfasst, die den Juden nicht das Beste erbitten wollen, was ein Christ einem anderen Menschen erbitten kann: seinen Erlöser zu erkennen. Dabei möge man bitte nicht die Bezeichnung der Juden als „perfidi Judaei" in den Ausgaben des Missale Romanum vor 1962 ins Feld führen. Diese Bezeichnung war zwar objektiv in Ordnung. Sie diente dazu, die Juden, für die gebetet wird, von denen zu unterscheiden, für die an dieser Stelle nicht gebetet wird, weil sie bereits Christen sind, wie der verstorbene Erzbischof von Paris. „Perfidia" hieß hier einfach Unglaube oder auch Treulosigkeit, weil Paulus die jüdische Ablehnung Jesu als Bruch der Bundestreue interpretiert. Aber wegen der diskriminierenden Assoziationen des Wortes „perfid" hatte schon Papst Pius XII. es untersagt, dieses Wort mit „treulos" zu übersetzen, bis dann Johannes XXIII. die Beseitigung des Adjektivs auch aus dem lateinischen Text anordnete. Es ist im Missale von 1962 nicht mehr enthalten. Korrekt müsste es heißen: „Lasst uns beten für die Juden, die nicht an Jesus als den Christus glauben."

Dass bei dem Gebet für die Juden keine Kniebeuge gemacht wird, hat nichts zu tun mit besonderer Geringschätzung der Juden, sondern mit besonderer Sensibilität. „Sei gegrüßt, König der Juden", so hatten wir gerade in der Lesung der Johannespassion gehört. Mit diesen Worten wurde der Dornengekrönte verhöhnt. Die zum Spott vor ihm niederknieten, waren nicht – wie es in einer Ausgabe des „Schott" von 1930 unsinnigerweise hieß – Juden, sondern Heiden, römische Soldaten, die mit diesen Worten zugleich die Juden verspotteten. In dem Augenblick, wo sie darum bittet, dass die Juden Jesus als ihren König erkennen, wollte die Kirche nicht die gleiche Geste machen wie die, die ihn zum Spott so nannten. Das ist der Sinn der Unterlassung, wie ich schon im Religionsunterricht vor 70 Jahren lernte. Sie folgt der gleichen Logik wie die Unterlassung des Friedenskusses am Gründonnerstag im Gedenken an den verräterischen Kuss des Judas an diesem Tage. Und so war auch bis zu Pius XII. der reale Tod Jesu am Karfreitag der Grund dafür, an diesem Tag nicht nur die sakramentale Vergegenwärtigung dieses Todes auszusparen, sondern auch keine Kommunion auszuteilen. Einer ähnlich paradoxen Logik folgt auch die Verhüllung der Kreuze ausgerechnet in der Passionszeit.

Es gibt heute unter den Anhängern der neuen Liturgie die meines Erachtens begrüßenswerte Tendenz, diesen Kommuniongottesdienst wieder fallen zu lassen.

Inzwischen hat Papst Benedikt XVI eine revidierte Fassung der alten Fürbitte erlassen, in der der paulinische „Schleier" über dem Herzen der Juden nicht mehr erwähnt und die Rettung ganz Israels als endzeitliches Ereignis bezeichnet wird. Entscheidend aber ist, dass die Kirche darum betet, das dieses Ereignis eintritt und die Juden Jesus als ihren Messias und als Erlöser der Welt erkennen. Es wäre zu wünschen,dass diese Fürbitte auch in den Novus Ordo aufgenommen wird.

Die hohe Sensibilität für Zeichen und Gesten ist eines der schönsten Kennzeichen der alten Liturgie. Dazu gehörte auch das Klopfen an die Kirchentür mit dem Schaft des Kreuzes am Ende der Palmprozession, das schon der Karwochenreform Pius XII. zum Opfer gefallen ist. Gibt es hier wirklich einen „sicher zu erwartenden Nutzen der Kirche"? Und worin besteht er beim faktischen Wegfall der Farbe Rosa an den Sonntagen „Gaudete" und „Laetare"? Schon den kirchlichen Aufklärern des 18. Jahrhunderts war alles Kindliche und alles „geistliche Vergnügen" im Raum der Kirche verhasst. Schöner Ernst ist ein Merkmal echter Kindlichkeit. Sie hat nichts zu tun mit dem peinlichen Infantilismus bei heutigen Erstkommunionfeiern und Firmungen, bei denen man z.B. Papierflieger mit Fürbitten herumfliegen lässt. Exzesse? Gewiss. Aber wo sind solche Exzesse möglich und wo nicht?

17. Das *Motu proprio* gibt nicht nur der alten Messe ihr Heimatrecht in der Kirche wieder, sondern auch den Riten der Sakramentenspendung. Im Übrigen aber nenne ich nur ein Detail, dem der Papst in seiner Enzyklika „Spe salvi" eine ganze Seite widmet. Es ist die erste Frage, die der Priester an den Taufbewerber bzw. an dessen Eltern richtet. Sie lautet: „Was verlangst Du von der Kirche Gottes?" Die Antwort im

neuen Ritus ist: „Die Taufe." Im alten lautet sie: „Den Glauben." Zweite Frage: „Was gewährt Dir der Glaube?" Antwort: „Das ewige Leben." Der Glaube erscheint hier nicht als eine psychologische Disposition, die wir mitbringen und die uns ein Anrecht auf die Taufe gibt, sondern der Glaube ist selbst eine Gabe Gottes, die uns durch die Kirche vermittelt wird. Ich zitiere hier die Enzyklika: „Nach diesem Dialog suchten die Eltern für das Kind den Zugang zum Glauben, die Gemeinschaft mit den Glaubenden, weil sie im Glauben den Schlüssel sahen für das ewige Leben." Der Papst spricht in der Vergangenheitsform – die Eltern suchten (…) sahen –, um doch etwas immer Gültiges auszusprechen. Wo die Taufe im alten Ritus gespendet wird, da kann man für diese Wahrheit wieder das Präsens benutzen.

18. Zum Schluss möchte ich einige Worte sagen über die Priester, die für die Gottesdienstgemeinden der alten Liturgie da sind. Es gibt Priester, die in dieser Form geweiht wurden, nachdem sie zunächst die niederen Weihen und das Subdiakonat empfingen, und die in der Feier der Eucharistie in dieser Form die Mitte ihrer spirituellen Existenz haben. In Deutschland sind es Priester der Priesterbruderschaft päpstlichen Rechts St. Petrus, das Institut Christus König und das Institut St. Philippus Neri in Berlin. Dazu kann man auch rechnen die Pfadfinderpriester Servi Jesu et Mariae, die in beiden Formen zelebrieren. All diese unterstehen der päpstlichen Kommission „Ecclesia Dei". Es versteht sich von selbst, dass die Gläubigen der alten Observanz am liebsten diese Priester als Seelsorger haben. Es wird nicht immer möglich sein, diesem Wunsch zu entsprechen, weil es nicht genügend Priester sind. Ganz und gar ungerechtfertigt ist es aber, absichtlich, wie es weiterhin geschieht, diese Priester von den ihnen geistesverwandten Gläubigen fernzuhalten und ihnen stattdessen bewusst alte Diözesanpriester zu geben, die diese Aufgabe nicht einmal gern über-

nehmen. Dahinter steht wohl der Wunsch, die Gläubigen allmählich „umzuerziehen" oder wenigstens zu verhindern, dass Kinder und Jugendliche gerade diese Priester oft „cool" finden und durch sie wirklich zu einem geistlichen Leben geführt werden. Es gibt überhaupt keinen Grund, diese von der Kirche gerade für diese Gläubigen geweihten Priester anschließend von den Gläubigen fernzuhalten, es sei denn, die wachsenden Gottesdienstbesucherzahlen im Wirkungsbereich dieser Priester seien gerade das Ärgernis. Es gibt nur eine Bedingung, die diese Priester erfüllen müssen, das ist die Anerkennung der Gültigkeit und der Legitimität des Novus Ordo. Und diese Anerkennung darf nicht nur verbal, sondern sie muss aufrichtig und echt sein. Für diese Echtheit aber gibt es ein eindeutiges Kriterium: die Kommuniongemeinschaft. Priester des usus antiquior sollten einmal in der „neuen Messe" eines anderen Priesters oder besser noch des Ortsbischofs, unter dem sie arbeiten, zur heiligen Kommunion gehen. Und sie müssen, wo sie Altäre „normaler" Kirchen benutzen, die in anderen Messen konsekrierten Hostien austeilen. Das muss von ihnen verlangt werden können, aber nicht mehr. Nicht z.B. muss von ihnen die eigene Zelebration im Novus Ordo verlangt werden. Das Motu proprio erklärt in aller Form, dass jeder Priester das Recht hat, die Zelebrationsform zu wählen. Und es ist auch nicht einzusehen, dass ein Priester, der aushilfsweise in einer Pfarrgemeinde zelebriert, dies nicht in „seiner" Form tun darf. Wo man die alte Messe nicht als ein zu überwindendes Übel betrachtet, kann es doch nur im Interesse jeder Gemeinde sein, einmal eine „alte Messe" mitzufeiern, so wie man ostkirchliche Liturgiefeiern bei Gelegenheit immer als Bereicherung empfunden hat. In meiner Kindheit mussten wir als Ministranten immer kurz umlernen, wenn ein Dominikaner in unserer Kirche den Gottesdienst hielt. Niemand kam auf die Idee, er müsse den römischen Ritus feiern. Jüngere Dominikaner sind übrigens in mehreren Ländern eifrig dabei, ihren alten dominikanischen Ritus, den der Orden aufgegeben hatte, wieder zu lernen.

Und auch die Konzelebration kann und darf von keinem Priester verlangt werden, wie das Zweite Vatikanische Konzil ausdrücklich erklärt. Die Form der Messfeier ist für manchen Priester wie eine zweite Haut, aus der er nicht gern schlüpfen mag. Bestimmte Ehrfurchtsgesten – wie z.B. das Waschen der Finger nach der Kommunion über dem Kelch – werden irgendwie unernst, wenn man sie je nach Bedarf praktiziert oder unterlässt. Allerdings hat nach dem Motu proprio auch keine Priestergemeinschaft mehr das Recht, ihren Mitgliedern die Zelebration im neuen Ritus zu verbieten. Entscheidend ist das Anliegen des Papstes, dass endlich eine volle Akzeptanz der alten Liturgieformen und der mit ihnen verbundenen Priester und Gläubigen stattfindet und damit kirchliche Normalität. Kirchliche Normalität aber bedeutet nicht nur Akzeptanz, sondern sie bedeutet: Liebe. Beide Seiten haben hier noch eine Aufgabe. Aber die Bringschuld liegt in erster Linie bei denen, die das Sagen haben. Bei den Schwachen besteht die Bringschuld darin, dass sie den Mächtigen eine jahrelange Diskriminierung und Demütigung verzeihen.

Anmerkungen

[1] SC 23.
[2] SC 8.
[3] SC 83.
[4] SC 33.
[5] SC 54.
[6] SC 55.

Die Rückkehr des tridentinischen Missale[1]

von Enzo Bianchi

In den 40 Jahren nach dem Zweiten Vatikanischen Konzil haben die Kirchen einen langen, manchmal mühsamen Weg zurückgelegt bei der Verwirklichung der Liturgiereform, haben hier und da auch Missbräuche und Widersprüche in Bezug auf den authentischen Geist der katholischen Liturgie feststellen müssen. Wie jedoch Johannes Paul II. 1988 bemerkte: „Diese Arbeit ist nach dem Leitprinzip des Konzils vorgenommen worden: Treue zur Tradition und Öffnung für einen legitimen Fortschritt. Darum kann man sagen, daß die Liturgiereform streng traditionsgebunden nach der ‚Norm der Väter‘ ist.“[2] Folglich präzisierte bereits Johannes Paul II. zur Klärung der den Traditionalisten angebotenen Möglichkeiten, dass „das Zugeständnis des Indults nicht gegeben ist, um die Anwendung der vom Konzil eingerichteten Reform auszubremsen.“[3]

Wir Katholiken gehorchen, nicht aus Passivität und fehlender ekklesialer Mündigkeit, sondern auf Grund der tiefen Überzeugung, dass der Bischof von Rom Diener der kirchlichen Gemeinschaft ist („Man nimmt eine Entscheidung des Papstes kindlich auf“, sagte Kardinal Ricard, Präsident der französischen Bischofskonferenz.). Wir sind fähig zum Gehorsam, auch wenn es Mühe kostet, auch wenn wir gelegentlich nicht voll verstehen, was uns hier autoritativ abverlangt wird – solange es dem Evangelium nicht widerspricht und eine innerkirchliche Versöhnung intendiert. Dieser Gehorsam, der evangeliumsgemäß und innerkirchlich sein will, erfordert, dass wir eingehende Reflexionen anstellen, um besser zu verstehen, und die Kommunikation im Hinblick auf eine reife und starke Einheit anregen, um alles zu tun, damit die Kirche nicht unter der Unordnung und neuerlichen Gegensätzen leidet: Wer einen wirklichen sensus ecclesiae hat, der hat vor allem Befürchtungen!

In diesem Geist mische ich mich in eine Debatte ein, die sich bisher unpolemisch und qualitätsvoll gezeigt hat: Bischofskonferenzen, einzelne Bischöfe, Theologen und Liturgiker haben die Probleme und die Folgen, welche Gegensätze und neuere Spaltungen unter den Katholiken hervorrufen könnten, im großem Geist des Friedens und mit dem Willen zur Versöhnung mit den schismatischen Traditionalisten analysiert.

Das Motu proprio ist entgegengenommen worden als ein Akt Benedikts XVI., um dem bestehenden Schisma der „Lefebvriani" ein Ende zu setzen, um die Bedingungen für ihre Rückkehr in die Gemeinschaft der katholischen Kirche zu schaffen und den „Leiden" anderer, die in der Gemeinschaft der römischen Kirche geblieben sind, entgegenzukommen. Der Papst ist sich bewusst, dass, je mehr Zeit verstreicht, je mehr sich die Positionen verhärten, man sich desto mehr an das Schisma gewöhnt und das Verlangen einer gegenseitigen Versöhnung zwischen Kirche und Schismatikern sich abschwächt. In dieser Perspektive wurde das Dokument konzipiert und rezipiert. Wie der persönliche Begleitbrief des Papstes sagt, gehe es darum, „alle Anstrengungen zu unternehmen, um all denen das Verbleiben in der Einheit oder das neue Finden zu ihr zu ermöglichen, die wirklich Sehnsucht nach Einheit tragen."[4]

Aus diesem Grund genehmigt der Papst mit Freizügigkeit die Feier der Messe gemäß dem so genannten Missale Pauls V. (jenes, das 1962 herausgegeben wurde, vor der Feier des Konzils und daher auch genannt „Missale Johannes XXIII."), sodass nun „jeder katholische Priester (…) entweder das vom seligen Papst Johannes XXIII. im Jahr 1962 herausgegebene Römische Messbuch gebrauchen (kann) oder das von Papst Paul VI. im Jahr 1970 promulgierte"[5]. Dazu „benötigt der Priester keine Erlaubnis, weder vom Apostolischen Stuhl noch von seinem Ordinarius"[6], d.h. von seinem Bischof. Mit dieser neuen Bestimmung weicht man vom Indult, den Johannes Paul II. 1984 und wiederum 1988 gewährt hat, ab, da nun die Möglichkeit der so genannten Messe Pius V. nicht mehr von der Erlaubnis des Bischofs abhängt, der sie nun nicht mehr verbieten kann. Die Form der Messe Pius V. ist nun nicht mehr „ausnahmsweise", sondern „außergewöhnlich", sie ist keine Abweichung von der Regel mehr, sondern durch die Regeln erlaubt. Der Papst schreibt wörtlich: „Das von Paul VI. promulgierte Römische Messbuch ist die ordentliche Ausdrucksform der ‚Lex orandi' (…). Das vom heiligen Pius V. promulgierte (…) Messbuch hat hingegen als außerordentliche Ausdrucksform derselben ‚Lex orandi' der Kirche zu gelten (…). Diese zwei Ausdrucksformen der ‚Lex orandi' der Kirche werden aber keineswegs zu einer Spaltung der ‚Lex credendi' der Kirche führen; denn sie sind zwei Anwendungsformen des einen Römischen Ritus."[7]

Gleichwohl möchte der Papst mit dieser neuen Bestimmung keineswegs, dass „die Autorität des Konzils"[8] berührt werde oder dass „die Liturgiereform in Zweifel gezogen würde": Diese aufrichtige, überzeugende und gut belegte Erklärung ist zu verstehen als notwendiges Prinzip, durch das die Gemeinschaft der katholischen Kirche lebendig bleibt.

Aber für wen ist diese neue Bestimmung erlassen worden? Die Antwort ist nicht einfach, da diejenigen, die die Möglichkeit der Verwendung des Missale Pius V. gefordert haben, zahlenmäßig gering, aber sehr verschieden sind. Weltweit zählen die Katholiken mit einem tridentinischen Empfinden ca. 300.000–400.000 mit 600 Priestern gegenüber 1,2 Milliarden Katholiken, und von diesen gehört etwa die Hälfte zur schismatischen Gruppe der Nachfolger von Monsignore Lefèbvre. In Frankreich, der Nation, in der die Traditionalisten am stärksten sind, beläuft sich ihre Zahl nach eigener Einschätzung auf ca. 25.000, wesentlich weniger als ein Prozent der Katholiken: ein Wassertropfen, so könnte man sagen, auch wenn die Zahl ihrer Priester etwa 140 beträgt, also proportional wesentlich höher ist im Vergleich zur Zahl des Diözesanklerus.[9] Im Motu proprio dachte man an die Anhänger und die Nachfolger Lefèbvres, für die, wie der Brief sagt, „das Stehen zum alten Missale zum äußeren Kennzeichen wurde"[10] – aber nach meiner Einschätzung richtet sich die Aufmerksamkeit vor allem auf die Traditionalisten, die in Gemeinschaft mit Rom stehen, auf diejenigen, die sich an den Ritus gebunden fühlen, der seit ihrer Kindheit der vertraute war.

Neben diesen schismatischen oder nicht schismatischen Katholiken tauchen am Horizont auch junge Priester auf, die zum alten Ritus zurückkehren wollen, sowie einige kirchliche Bewegungen, die, unter Missachtung der Schrift und der Liturgie, allein aus einer Devotionsfrömmigkeit leben und eine Wiederkehr der fundamentalistischen katholischen Identität erhoffen. Ferner sind einige militante Gruppen dazuzuzählen, die sich der Messe Pius V. bedienen wollen, um ihre politischen und kulturellen Schlachten zu schlagen, und schließlich eine kleine, aber sichtbare Minderheit von Bruderschaften und diversen Ritterorden, die auf Latein feiern möchten, um ihre Folklore aufzuwerten und ihren mittelalterlichen Uniformen Glanz zu verleihen.[11]

Hier aber erhebt sich eine Reihe von Fragen, die eine Antwort aus der Schrift und eine Verantwortlichkeit der Bischöfe, Priester und katholischen Gläubigen in Kontinuität zum sensus ecclesiae aller erfordern. Ist es nicht so, dass diese Gruppen sich hinter den Schleiern der posttridentinischen Ritualität verstecken, um nicht die anderen Wirklichkeiten akzeptieren zu müssen, die die Kirche vor allem durch das Zweite Vatikanische Konzil anerkannt hat? Kardinal Danneels von Brüssel stellte die Frage: Ist die Wiedereinführung der Messe Pius V. „nicht eine Lokomotive, die Waggons mit sich führt, in denen versteckte Dinge transportiert werden?" Stellt das Missale Pius V. nicht das Risiko dar, Stimmführer der Wiederherstellung einer kirchlichen und sozialen Situation zu sein, die heute nicht mehr existiert? Ist die Messe Pius V. für viele nicht eine identitätsstiftende Messe? Und wird sie nicht so eine Vorzugsmesse, privilegiert gegenüber derjenigen, die von den anderen gefeiert wird, einzig, weil sie eine Identität mit der Vergangenheit gewährleistet und die Nostalgie einer längst vergangenen Christianität nährt? Beinhaltet die Bevorzugung dieser Messe in einigen traditionalistischen Kreisen nicht die Überzeugung, dass die Liturgie Pauls VI. defizitär sei in Bezug auf wesentliche Glaubensinhalte?

Es gibt heute eine exzessive Suche nach Identitätsmerkmalen, vor allem in gewissen intellektuellen Kreisen, die sich als akatholisch und nicht gläubig bezeichnen und das Geheimnis der Liturgie gründlich missverstehen. Es gibt reichlich Geschmack an den „alten Dingen", vor allem in gewissen Vereinigungen, die heute entstehen und sich verbreiten und in denen katholische Liturgien im Namen einer „religiösen Szene" präsent sind, sicherlich nicht im Namen des geordneten Leibes Christi, der die liturgische Versammlung ist. Wie kann man das Faktum verschweigen, dass heute Ordensleute keinen besonderen Platz in Liturgien und Prozessionen mehr finden, währenddessen an zentraler Stelle auf reservierten Plätzen Ritter und Ordensdamen erscheinen, die wir historischen Inszenierungen zuzuordnen glaubten? Und außerdem: Warum wollen einige junge Leute, auf die der Papst in seinem Begleitbrief zum Motu proprio Bezug nimmt, die nicht in der nachtridentinischen Epoche geboren sind und niemals die vorkonziliare Messe als ihre ursprüngliche praktiziert haben, ein unbekanntes Missale? Suchen sie vielleicht ein Missale, das weitab vom Herzen, lediglich von den Lippen vollzogen wird? Wenn die Feier der Messe auf die Empfindungen, auf den persönlichen Geschmack reagiert, herrscht in der Kirche nicht mehr der objektive Ordo, sondern man verliert sich in subjektiven Entscheidungen, die von momentanen Emotionen hervorgerufen sind. Besteht nicht die Gefahr, dass dieser Subjektivismus das noch bestärkt, was Benedikt XVI. als Gehorsam gegenüber der „Diktatur des Relativismus" gebrandmarkt hat?

Selbstverständlich will Benedikt XVI. das gerade nicht. Als Teilnehmer eines Kongresses von Traditionalisten in Font Gombeault hatte er in der Tat ausgeführt: „Persönlich bin ich von Anfang an für die Freiheit des weiteren Gebrauchs des alten Messbuchs aus einem einfachen Grund gewesen: Man begann schon damals von einem Bruch mit der vorkonziliaren Kirche zu reden (…) Das ist im Übrigen der Slogan der Anhänger Lefèbvres: Sie behaupten, dass es zwei Kirchen gibt, der große Bruch ist sichtbar in der Existenz zweier Missalien, zwischen denen ein Bruch besteht. Mir scheint es wesentlich und fundamental, daran festzuhalten, dass beide Bücher Missalien der Kirche sind und zwar der Kirche, die immer dieselbe bleibt (…) Um zu unterstreichen, dass es keinen grundsätzlichen Bruch gibt, dass also Kontinuität und Identität der Kirche existieren, scheint es mir indispensabel, an der Möglichkeit der Zelebration nach dem alten Missale festzuhalten, als Zeichen der bleibenden Identität der Kirche (…) Mir scheint klar, dass nach dem Recht das Missale Paul VI. das gültige und in seinem Gebrauch das normale ist (…) Ich habe oft argumentiert: Wenn es einen dominikanischen Ritus gab, wenn es einen ambrosianischen Ritus gab und noch gibt, warum nicht auch den Ritus Pius V.? Aber es gibt ein reales Problem: Wenn Kirchlichkeit eine Sache der freien Wahl wird, wenn in der Kirche kirchliche Rituale nach rein subjektiven Kriterien ausgewählt werden können, dann entsteht ein Problem. Die Kirche ist auferbaut auf den Bischöfen nach der apostolischen Sukzession in der Form von Lokalkirchen, also nach einem objektiven Kriterium. Ich befinde mich in dieser Lokalkirche, und daher suche ich mir keine Freunde, sondern ich finde meine Brüder und Schwestern. Brüder und Schwestern sucht man nicht, sondern man findet sie. Diese Gegebenheit einer Nichtbeliebigkeit der Kirche, in der ich mich befinde, die nicht eine Kirche nach meiner Wahl ist, sondern die Kirche, die sich mir darbietet, ist ein sehr wichtiges Kriterium (…) Die Möglichkeit der Wahl der eigenen Kirche à la carte zu eröffnen, dies könnte wirklich die Struktur der Kirche verletzen. Man muss ein nichtsubjektives Kriterium finden, den Gebrauch des alten Missale zu ermöglichen. Der Heilige Stuhl muss allen Gläubigen die Möglichkeit, diesen Schatz zu bewahren, eröffnen, aber auf der anderen Seite muss er die bischöfliche Struktur der Kirche erhalten und respektieren."[12]

Eine Frage anderer Art erhebt sich an diesem Punkt: Warum fühlen sich diejenigen, die unaufhörlich den Ritus Pius V. forderten, nach ihren eigenen Worten als die „Retter der römischen Kirche"? Retter wovon? Wovor? Vor einem ökumenischen Konzil, dem der Bischof von Rom vorstand? Warum sagen sie: „Wir werden siegen (…) Die ganze Kirche wird zur alten Liturgie zurückkehren!"? Das ist kein Weg der Versöhnung und der Gemeinschaft, sondern der Rache, der Verdammung des anderen, der Weigerung, die diesbezüglichen Verschuldungen anzuerkennen. Wird hier nicht eine neue Serie des Kräftemessens begonnen, bei der es Verlierer und Gewinner gibt? Das entspricht einer weltlichen Optik, nicht der Optik des Evangeliums! Nicht zufällig fordert Benedikt XVI., dass bei der Anwendung des Motu proprio Streitigkeiten vermieden werden sollen (discordiam vitando) und die Einheit vorangetrieben werden soll (unitatem fovendo).

Das Missale Pius V., das will ich mit Deutlichkeit sagen, ist das Missale meiner Initiation und meines christlichen Werdegangs, von mir immer hoch gehalten als inaestimabile sacramentum. Ich habe es jeden Tag praktiziert seit meinem 6. Lebensjahr bis zu meinem 23. Jahr, und ich bezeuge mit Freude, dass es mich hat wachsen lassen im Glauben, in der Erkenntnis der Eucharistie und im geistlichen Leben. Ich kenne es noch auswendig, ganz und auf Latein, vom „In nomine Patris" bis zum „Sancte Michaele Archangele"; ich kenne es „in meinem Herzen", und so fühle ich mich ihm verbunden, indem ich mit ihm die diachrone Gemeinschaft der ganzen Kirche lebe.

Aber ich muss gestehen, dass der Affekt für die Messe Pius V. vor allem dem Faktum geschuldet ist, dass ich das Latein von Kindheit an kenne und eine außerordentliche liturgische Erziehung durch einen besonders sensiblen Pfarrer genossen habe. Das tridentinische Missale, jeden Tag mit Überzeugung praktiziert – auf die Weise, dass Geist und Stimme zusammenklingen (mens concordet voci) –, hat mir in Wirklichkeit ein theologisches Ambiente geschaffen, in dem die Kirche ein hierarchisches Gebäude voll von Qualität war, sozusagen dionysisch.[13] Es war eine Wirklichkeit, in der zusammen mit der himmlischen Kirche das große und heilige „Geheimnis des Kreuzes" gefeiert wurde. Mir hat es ein Ambiente der Frömmigkeit geboten, in dem die Messe vor allem persönlich und privat gekostet wurde, in dem so die Übung der tiefsten Affekte gegenüber dem Herrn und den heiligen Dingen ermöglicht wurde wie auch eine Möglichkeit, die liturgischen Zeiten und die Feste der Heiligen auf verschiedene Weise zu beten und zu leben. Mir hat es ein ästhetisches Ambiente geschenkt, in dem Gesänge, Musik, gegenständliche Kunst, die Schönheit der Paramente mir die

Gloria Dei erzählen. Ich habe keine Abneigung gegenüber dieser Liturgie, aber, ohne sie zu negieren oder abzuwerten, ich habe auch das Bewusstsein, dass ich eine Hinwendung zu einer Liturgie vollziehen musste, jener der konziliaren Reform, die es mir noch besser ermöglicht hat, Gott ein geistiges Opfer mit der ganzen Kirche darzubringen. Ich habe freilich nie gedacht, dass ein Bruch zwischen dem Missale Pius V. und dem Pauls VI. existiere: Wachstum, Fortschritt ja – wie der Papst in seinem Brief sagt – aber kein Bruch! Ich kann mit Kardinal Ratzinger sagen, dass „die tridentinische Messe wie ein überdecktes Fresko war"[14], überdeckt für viele, aber nicht für mich! Der Mangel, den ich beim tridentinischen Missale vor allem festgestellt habe, war die Spärlichkeit des Wortes Gottes, bezogen auf die biblischen Lesungen, die in der Liturgie verkündet werden. Ich vergesse in der Tat nicht, dass ich das ganze Jahr über, ausgenommen an Sonn- und Feiertagen, jeden Tag dieselben Lesungen der Totenmesse gehört und verkündet habe: Apg 14,13 und Joh 6,51–55, ein Vers aus der Apostelgeschichte und fünf Verse aus dem Evangelium!

Ich habe kürzlich einige Male an der Messe im alten Ritus teilgenommen – in meiner Jugendzeit hätte ich gesagt „assistiert". Leider musste ich feststellen, dass der Zelebrant, obwohl er sehr viel älter ist als ich, teilweise unsicher war im Vollzug der Zelebration und häufig die Anweisungen des Missale übersah. Meine Generation, die letzte, die dieses Missale praktiziert hat, empfand es als ein Monument, ein liturgisches Wahrzeichen, eine vollständige und kompakte rituelle Architektur. Aber bei aller Anhänglichkeit an den Dingen – zwar guten, aber doch stets nur sakramentalen –: Jeder ernsthafte Katholik muss sich prüfen, um nicht der Idolatrie Tür und Tor zu öffnen.

Die Schrift lehrt uns, dass die Schlange, die Gott hat schmieden lassen zur Heilung des Volkes Israel, auf Anordnung Gottes aufgegeben wurde, da sie nun nicht mehr ihrem Zweck diente, sondern das Gegenteil bewirkte. Dasselbe gilt für die Bundeslade, für den Tempel in Jerusalem... Man muss sich angesichts dieser Anhänglichkeit an das Alte fragen, ob sie aufrichtig, authentisch ist, ob sie aus Liebe zu den Quellen geschieht und Instrument des Gebetes ist oder ob sie idolatrisch und eine Instrumentalisierung für andere Zwecke geworden ist. Es kann eine Anhänglichkeit an das Missale Pius V. geben, bei der das mysterium fidei völlig abwesend ist. Es kann eine Anhänglichkeit am Heiligen geben, die profan ist! Meinerseits, das gestehe ich, besitze ich bis heute ein Missale Pius V. in der Ausgabe von Lefèbvre. Ich lese es immer wieder, vor allem, um diese Nüchternheit und dieses Maß des römischen Ritus zu kosten, der in Latein mit bewundernswerter Stärke glänzt. Ich liebe auch den Gregorianischen Gesang, der im Übrigen die Töne inspiriert hat, die wir Mönche bei unserem täglichen opus Dei benutzen. Ich könnte viele Dinge bezüglich der Praxis der tridentinischen Messe seitens der Gläubigen sagen, in denen ich mit Kardinal Ratzinger übereinstimme, z.B. wenn er sagt, dass „man zugeben muss, dass die Feier der alten Liturgie sich oft in den Raum des Individualismus und des Privaten verirrt hat und dass die Gemeinschaft zwischen Priester und Gläubigen unzureichend war".[15] Also ist kein Idealismus angebracht hinsichtlich des Missale und seiner Praxis. Vor allem darf ein Missale nicht Anlass geben zu einem Krieg gegen ein anderes, denn sonst zerstörte man die Kirche. Das Missale kann nicht „Ort des Gedächtnisses" sein, ohne auch „Ort der Gemeinschaft" zu sein.

Das Missale Pius V. führt uns auf den Weg der „Gemeinschaft in der Geschichte" eines Volkes im Bund mit Gott (communicantes...) und zu unserer heutigen Verantwortlichkeit im Geiste der Brotvermehrung, gemäß der Formulierung des Trienter Konzils: „Damit die Schafe Christi keinen Hunger leiden, damit die Kleinen nicht um Brot betteln, ohne dass jemand es mit ihnen teilt, ordnet das Heilige Konzil an, dass die Hirten und alle, die für die Seelsorge Verantwortung tragen, häufig während der Feier der Messe einen der gelesenen Texte erklären und das Geheimnis dieses Opfers erläutern, vor allem an Sonn- und Festtagen."[16]. Genau auf dieser Linie bewegt sich die Reform, die vom Zweiten Vatikanischen Konzil gewollt und unter der klugen Führung Pauls VI. durchgeführt worden ist. Der gegenwärtige Ritus ist nichts anderes als die Reform des Ritus Pius V. Wer in Treue und Gemeinschaft mit der Kirche steht, die dieses Missale erstellt hat, vollzieht die aktuelle von der Kirche reformierte Liturgie, genauer von einem Konzil und einem Papst, dessen Intentionen unzweifelhaft sind: Paul VI. hat nicht das Missale Pius V. verleugnet, sondern er hat es angenommen und reformiert, wie dies schon viele Päpste in den vergangenen Jahrhunderten getan haben. Die Liturgie ist der privilegierte Ort der Überlieferung, und wenn jemand sich der Liturgie verweigert oder sie zur Diskussion stellt, privilegiert man de facto einen Strang der Tradition oder man weist ihn zurück.

Es wird behauptet, dass in der Messe Pius V. das Gespür des Heiligen war, aber auch hier stellt sich die Frage: Was für ein Heiliges? Die Feier des Geheimnisses vollzieht sich in verschiedenen eucharistischen Liturgien, und wer könnte verneinen, dass dies auch im Neuen Ritus Paul VI. der Fall ist? Wer das Gespür des Heiligen auf die Distanz zwischen Priester und Gemeinde oder auf die Zahl der Kreuzzeichen oder der Kniebeugen während der Zelebration, auf das Stillschweigen der Gläubigen während des gemurmelten Eucharistiegebetes oder auf die Archaik der lateinischen Sprache und ihres Nichtverstandenwerdens von den meisten reduziert, verwechselt die Instrumente und Zeichen mit dem Geheimnis selbst, das sich niemals damit identifiziert oder darin erschöpft. Es braucht Zeit, bis sich eine ars celebrandi nach dem Neuen Missale bildet; aber diese war auch nicht immer im Missale Pius V. verwirklicht: Die Pontifikalliturgien waren die eine Sache und die andere die häufig in zehn, fünfzehn Minuten persolvierten Messen, bei denen die Anforderung „mens concordet voci" in keiner Weise beachtet wurde. Auch Kardinal Ratzinger stellt in einem Interview in La Croix fest: „Die Liturgie wurde von Rubrizismus und Legalismus bedroht."[17]

Schließlich: Welche Probleme bleiben offen? Es ist festgestellt worden, dass die Möglichkeit, die Messe nach dem Missale Pius V. zu zelebrieren, eine neue Situation in der katholischen Kirche geschaffen hat. Die römische Liturgie ist immer in einer einzigen Ausdrucksform gefeiert worden, auch wenn unterschiedliche Riten existierten, doch waren diese an eine Lokalkirche gebunden (wie der ambrosianische Ritus in Mailand und der mozarabische in Toledo) oder an religiöse Orden wie die Dominikaner oder Kartäuser. Im zweiten Fall waren die Varianten gegenüber dem römischen Ritus irrelevant. Heute nun tritt der Fall ein, dass man zwei Missalien einander gegenüberstellt und nicht die volle katholische Authentizität des Missale Pauls VI. akzeptiert. In den letzten Jahrzehnten ist das Missale Pius V. von Traditionalisten verwendet worden als Keule gegen jenes Pauls VI. Dabei ist alles, was im Missale Pius V. enthalten war, auch in jenem Pauls VI. vorhanden, das man lediglich an die Zeit angepasst und bereichert hat, ohne etwas vom Wesentlichen der Feier des eucharistischen Mysteriums zu verneinen oder auszulassen. Im angebotenen Zugeständnis des Motu proprio ist von Bedeutung, dass die nach dem Missale Pius V. gefeierte Messe weder zu Verwundungen am Leib Christi führen, noch Misstrauen gegenüber dem Zweiten Vatikanischen Konzil und der Liturgiereform hervorrufen oder fördern darf. Leider haben wir gravierende Aussagen gehört, nach denen „die liturgische Reform des Zweiten Vatikanischen Konzils nie gestartet ist". Auch können wir nicht vergessen, dass ein Befürworter des Missale Pius V. im Jahr 1962 im Editoriale auf der ersten Seite des Avenire forderte, dass das Zweite Vatikanische Konzil heruntergestuft oder zumindest vergessen werden solle, da es nur ein „Pastoralkonzil" gewesen sei. Schließlich hat Monsignore Fellay, Nachfolger von Lefebvre und Verantwortlicher der Pius-Bruderschaft, kürzlich erklärt, dass „die Befreiung des Missale Pius V. einen Krieg in der Kirche hervorrufen werde, vergleichbar mit der Sprengkraft einer Atombombe". Es ist gut, daran zu erinnern, dass der Streitpunkt nicht das Latein betrifft, da dieses die offizielle Sprache der katholischen lateinischen Kirche bleibt und das Latein bis heute als Liturgiesprache für alle Priester nach der editio typica des Missale Pauls VI. jederzeit möglich ist. Es kommt darauf an, im Volk Gottes keinen ernsthaften Zweifel und kein Misstrauen gegenüber dem Konzil und dem Papst, der es zum Abschluss und zur Anwendung geführt hat, hervorzurufen. Daher darf es keine aggressive Konkurrenz zwischen den beiden Missale geben: Die friedliche „Permanenz" des neuen Missale muss zu einer Vertiefung zwischen der „dionysischen" tridentinischen Liturgie und der Liturgie des Zweiten Vatikanischen Konzils führen, die stärker inspiriert ist von der Communio-Ekklesiologie vor allem augustinischer Prägung.

Freilich darf eine Schwierigkeit im Bereich der Ökumene vor allem mit den Juden, aber auch mit den anderen Christen, nicht vergessen werden. Was die Juden anbetrifft, so wurden bereits Beschwerden laut auf Grund von Aussagen in der Karfreitagsliturgie und in den Kirchenväterhomilien des Breviers, in denen die Juden mit dem „Judas mercator pessimus" verglichen und als „ungläubiges, feindliches und ungerechtes Volk" apostrophiert werden, mehr schuldig am

Tod Jesu als Pilatus. Nun ist es richtig, dass der Priester während des Triduum paschale nicht nach dem tridentinischen Messbuch die Liturgie „sine populo" feiern darf (Art. 2 des Motu proprio), aber dieses Verbot betrifft nicht die religiösen Gemeinschaften (Art. 3) und die anderen Gelegenheiten zur Feier (Art. 5 §§ 1, 2 und 3). Hier gibt es in der Tat ein theologisches Problem, das das Zweite Vatikanische Konzil in der Erklärung Nostra aetate[18] im Hinblick auf die Vergangenheit geklärt hat. Es darf daher kein Zurück hinter diese Erklärung mehr geben.

Was die Christen der anderen Kirchen betrifft, werden diese „Häretiker und Schismatiker" genannt, und man bittet um deren Rückkehr zur katholischen Kirche, damit „ihre Seelen von der Täuschung des Teufels befreit werden". Auch hier gibt es ein Problem, da diese Ausdrücke Buchstaben und Geist des Zweiten Vatikanischen Konzils sowie dem seitens der Päpste und Bischöfe der katholischen Kirche bis heute praktizierten Ökumenismus widersprechen. Hier fragen wir uns auch: Wie werden die Christen der Reformation die Möglichkeit der reduzierten Verkündigung der biblischen Schriften aufnehmen? Und was werden die Orthodoxen denken im Hinblick auf das Fehlen der pneumatologischen Epiklese im alten Canon Romanus? Wird man kluge Argumente finden gegen ihre Vorhaltungen, man vollziehe eine Kehrtwende nach hinten?

Ein nach unserer Meinung noch wichtigerer Aspekt ist der, dass die bischöfliche Autorität nicht außer Kraft gesetzt werden darf, weder vom Motu proprio noch von der Existenz der Feier nach dem Ritus Pius V. In der Tat ist der Bischof „der Liturge par excellence", wie in „Sacramentum caritatis" bekräftigt worden ist. Der Bischof „ist der Leiter, Förderer und Hüter des gesamten liturgischen Lebens. All das ist für das Leben der Teilkirche entscheidend, nicht nur, weil die Gemeinschaft mit dem Bischof die Bedingung für die

Gültigkeit jeder Zelebration auf seinem Gebiet ist, sondern auch, weil er selbst der Liturge seiner Kirche schlechthin ist. Ihm obliegt es, die harmonische Einheit der Zelebration in seiner Diözese zu bewahren."[19]

Demnach kommt also dem Bischof die Unterscheidung und Entscheidung für die Praxis nach dem Ritus Pius V. zu, insofern hier Notwendigkeiten und Wünsche seitens der Gläubigen vorhanden sind. Es ist also eine Regelung zu finden, die den Bischöfen die ihnen von der Tradition, dem Zweiten Vatikanischen Konzil und dem gegenwärtigen Codex Iuris Canonici zugewiesene Rolle auszuüben ermöglicht. Es wäre ein Schaden, wenn die Autorität des Bischofs demontiert würde und nicht mehr anerkannt wäre und wenn sich „parochistische" Tendenzen entwickeln würden. Der Bischof, der der Diener der Communio der Lokalkirche ist (immer in Gemeinschaft mit dem Bischof von Rom, der als Papst den Vorsitz in der Liebe inne hat), möge mit allen Mitteln die volle katholische Gemeinschaft mit all denen erstreben, die sich in der Situation des Schismas oder des Leidens befinden. Aber man erinnere sich daran, dass die Einheit nicht um jeden Preis realisiert werden und nicht von seiner Autorität und insbesondere seiner Verantwortlichkeit absehen darf. Die Bischöfe sollten vor allem darauf hinarbeiten, dass bei der Chrisam-Messe, wo die Einheit zwischen Bischof und Presbyterium sichtbar wird, auch die „Traditionalisten" zugegen sind, damit der Leib Christi eins ist, einer der Geist und eins das Chrisam, mit dem man in der Taufe und der Firmung dem katholischen Glauben eingegliedert wird. Daher ist auch von allen die Akzeptanz des Zweiten Vatikanischen Konzils zu fordern, auf dem die Kirche ihren Glauben bestätigt und den Menschen verkündet hat.[20] Wenn wir zur einen Kirche gehören, ist auch die gefeierte Eucharistie eine, wenn auch in verschiedenen Riten oder Ausdrucksformen desselben Ritus, die sich gegenseitig anerkennen, und eins muss auch der Bischof und sein Presbyterium sein. Die Einheit darf weder um jeden Preis verwirklicht werden, noch von der Autorität des Bischofs in Gemeinschaft mit dem Papst abschneiden. Dies sei gesagt im Wissen darum, dass man kein theologisches Problem mit einer liturgischen Antwort lösen kann.

Bezeichnend ist die Aufnahme des Motu proprio und des Begleitbriefs bis heute: Die Bischöfe haben sich alle gehorsam gezeigt ohne Proteste, trotz des Versuchs einiger Journalisten, Konflikte und Abweichungen herauszustellen. Man kann sogar sagen, dass einige Stellungnahmen europäischer oder italienischer Bischöfe in ihren Teilkirchen eine große pastorale Weisheit und einen wahren Geist brüderlicher Liebe zeigen. Die Überlegungen des Papstes werden, so kann man sagen, von den Bischöfen geteilt, und auch die Präzisierungen für die pastorale Einbindung des Motu proprio sind von großer Akribie. Es genügt, die Erklärung von Monsignore Bagnasco zu lesen, Präsident der Italienischen Bischofskonferenz, anlässlich seiner Antrittsrede beim Ständigen Rat: „Die Liebe zur Einheit muss jeden Christen und jeden Hirten bewegen angesichts der Perspektiven, die sich mit dem Motu proprio eröffnen. Man suche also nicht einen privaten ästhetischen Luxus, losgelöst von der Gemeinde oder gar in Opposition zu anderen, sondern den Willen, sich mehr und mehr in das Mysterium der Kirche, die betet und feiert, einzuschließen, ohne jemanden auszuschließen und ohne Affront gegenüber anderen liturgischen Formen oder dem Zweiten Vatikanischen Konzil."[21]

Bedauerlicherweise sind die Erklärungen der schismatischen Traditionalisten noch voll Konfrontation. Monsignore Fellay hat das „Te Deum" anlässlich der Veröffentlichung des Motu proprio angestimmt, aber hat auch präzisiert, dass möglicherweise darin „ein Ausdruck der ‚Reform der Reformen'" zu sehen sei. Das Motu proprio „zeige, wie wesentlich doktrinär die Auseinandersetzung zwischen Rom und der Piusbruderschaft sei" und dass von Rom „unsere Beharrlichkeit in der Verteidigung der lex orandi gewürdigt worden sei, und dass wir daher mit derselben Beharrlichkeit mit der Hilfe Gottes den Kampf für die lex credendi, die Schlacht für den Glauben, fortsetzen müssen."[22] In Bezug auf diese Äußerungen haben die Traditionalisten auf verschiedene Weise erklärt, dass sie es unakzeptabel finden, dass im Motu proprio die Vorrangigkeit des Missale Paul VI. gegenüber dem Pius V. bleibt, insofern es der erste ordentliche Ausdruck der lex orandi in der Kirche des lateinischen Ritus ist. Für sie gibt es keinen Gehorsam des neuen Missale gegenüber der traditionellen katholischen lex credendi.[23] Das diesen Worten zu Grunde liegende Konzept der lex orandi vergisst völlig den dynamischen Charakter, der an die dreifache Beziehung zur Schrift, zur Tradition und zur Liturgie gebunden ist, und mumifiziert ihn in einem Formalismus, der vergisst, dass im Herzen des christlichen Kultus kein Ritus, sondern die Beziehung zu Jesus Christus steht.

Wir erwarten, dass die Traditionalisten in Wort und Tat ihre Liebe zur ganzen katholischen Kirche zum Ausdruck bringen, dass sie ihr Bedauern für die Schriften und Aggressionen der jüngsten Vergangenheit zum Ausdruck bringen. Sie können und dürfen kein Getto in der Kirche bilden, weder auf Grund des Misstrauens und der Verachtung der Geschwister im Glauben, noch durch ihre eigene Distanzierung von der Kirche, die ihr Einheitsprinzip im Dienst des Bischofs von Rom erkennt, nicht zuletzt in der Sukzession der Päpste untereinander von Pius XII. bis Benedikt XVI. Wenn sie die Communio wollen, warum nehmen sie nicht das eine Mal im Jahr an der Chrisam-Messe des Bischofs teil? Die Hoffung von Papst Benedikt und unsere Hoffnung möge also nicht enttäuscht werden!

Der Weg des Schifflein Kirche ist bisher noch nicht zu seinem Endpunkt gekommen, und kein Hafen kann Zielpunkt sein, sondern nur ein Halte- und Durchgangspunkt. Das gilt für das Missale Pius V. wie für jenes Pauls VI. Kardinal Ratzinger bestätigt in dem bereits erwähnten Interview von La Croix, dass „eine Liturgiereform für unmöglich zu erklären ein absurder Dogmatismus sei."[24] Es gibt also noch ein weiteres Morgen für die Reform der Liturgie.

Anmerkungen

[1] Italienischer Originaltitel: „Il ritorno del Messale Tridentino". Übersetzung aus dem italienischen: Albert Gerhards.

[2] Sekretariat der Deutschen Bischofskonferenz (Hg.), Papst Johannes Paul II. *Apostolisches Schreiben zum XXV. Jahrestag der Konzilskonstitution Sacrosanctum Concilium über die heilige Liturgie.* 4. Dezember 1988 (VApS 89), Bonn 1988, Nr. 4.

[3] Johannes Paul II., Generalaudienz vom 28. September 1990.

[4] *Brief des Heiligen Vaters Papst Benedikt XVI. an die Bischöfe anlässlich der Publikation des Apostolischen Schreibens Motu proprio Summorum Pontificum über die römische Liturgie in ihrer Gestalt vor der 1970 durchgeführten Reform*, in: Sekretariat der Deutschen Bischofskonferenz (Hg.), *Papst Benedikt XVI., Apostolisches Schreiben Summorum Pontificum. Brief des Heiligen Vaters an die Bischöfe anlässlich der Publikation.* 7. Juli 2007 (VApS 178), Bonn 2007, 21–27: 25, in diesem Band 19–25:20.

[5] Papst Benedikt XVI. Apostolisches Schreiben Motu proprio *Summorum Pontificum*: Ebd. 5–19: 11.13, in diesem Band 15.

[6] Ebd. 13, in diesem Band 15.

[7] Ebd. 11, in diesem Band 14f.

[8] *Brief* 23, in diesem Band 19.

[9] Die Angaben sind nicht objektiv gesichert, sondern entstammen traditionalistischen Kreisen. Die Priesterbruderschaft des hl. Pius X., die 1988 exkommuniziert wurde, gibt 450 Priester, 6 Seminare, 200 Seminaristen und ca. 150.000 Gläubige an. Die mit Rom in Gemeinschaft stehenden Traditionalisten nennen 150 Priester, 107 Seminaristen und in Frankreich 45.000 Gläubige. Die tridentinische Liturgie wird in Frankreich an 124 Orten gefeiert und ist nach dem Motu proprio an weiteren 11 Orten verlangt worden. Vgl. C. Barthe, *Propositions pour une „paix" de l'Église* (Hora decima) Paris 2006 ; vgl. La Croix (14. September 2007) 2; vgl. La Vie Nr. 3185, 65.

[10] Schreiben 22.

[11] Vgl. C. Dagens, *Bischof von Angoulême (Frankreich)*, in: Il Regno documenti (15/2007) 460.

[12] J. Ratzinger, *„Bilan et perspectives"*, in: Autour de la question liturgique. Avec le card. Ratzinger (Actes des Journées liturgiques de Fontgombault, Abbaye Notre-Dame), Fontgombault 2001, 177ff.

[13] Im Sinne des Pseudo-Dionysius Areopagita, einem christlich-neuplatonischen Denker des 4. Jahrhunderts, der die christliche Theologie außerordentlich beeinflusst hat.

[14] Ratzinger, *Bilan* 175.

[15] Ders., Discorso del 24 ottobre 1998 alla Fraternità sacerdotale di S. Pietro. Bei dieser Gelegenheit sagte er auch: „Ich habe großen Respekt vor unseren Vorfahren, die während der Stillmesse die Gebete sprachen, die ihnen ihr Andachtsbuch vorlegte; doch kann man dies sicher nicht als Ideal der liturgischen Feier ansehen."

[16] Konzil von Trient, 22. Sitzung (1562), Kap. 8.

[17] J. Ratzinger, *Les dangers qui menacent la liturgie aujourd'hui*, in: La Croix (28. Dezember 2001).

[18] Vgl. NA 4.

[19] Sekretariat der Deutschen Bischofskonferenz (Hg.), *Nachsynodales Apostolisches Schreiben Sacramentum Caritatis Seiner Heiligkeit Papst Benedikt XVI. an die Bischöfe, den Klerus, die Personen gottgeweihten Lebens und an die christgläubigen Laien über die Eucharistie, Quelle und Höhepunkt von Leben und Sendung der Kirche* (VApS 177), Bonn ²2007, Nr. 39.

[20] Im Begleitbrief zum Motu proprio steht: „Um die volle *communio* zu leben, können die Priester, die den Gemeinschaften des alten Usus zugehören, selbstverständlich die Zelebration nach den neuen liturgischen Büchern im Prinzip nicht ausschließen." Aber hier stellt sich die Frage: Was heißt „im Prinzip"? Dass faktisch die Nicht-Akzeptanz der Liturgiereform Paul VI. toleriert wird? Und wenn es heißt, dass die Ablehnung nicht total sein darf, ist dann eine partielle erlaubt? Kann die communicatio in sacris mit den Bischöfen und Priestern, die die Reform praktizieren, z.B. bei der Chrisammesse des Gründonnerstags, die Erscheinung der Einheit des Presbyteriums um den Bischof, zurückgewiesen werden? Vgl. dazu B. Sesboüé, *L'Institut du Bon Pasteur, espoir ou équivoque?*, in: Études 4066 (Juni 2007) 779–792.

[21] A. Bagnasco, *Prolusione al Consiglio Permanente della CEI*, 17. September 2007.

[22] B. Fellay, *Lettera ai fedeli* (Menzingen, 7. Juli 2007), in: La Tradizione cattolica 18/2 (2007) 5f.

[23] Vgl. ebd. 4.

[24] Ratzinger, *Dangers*.

Wie im Anfang, so in Ewigkeit? Die tridentinische Liturgie

Die Liturgiereform: Beharren oder verändern?

von Arnold Angenendt

1. Kultus und Ritus in religionsgeschichtlicher Sicht

Kultus und Ritus sind zurzeit en vogue. Auf universitärer Ebene befassen sich gleich mehrere Sonderforschungsbereiche mit Ritualität. Religionswissenschaftlich wird Ritual als der Oberbegriff für religiöse Handlungen definiert, die aus Gesten, Worten wie dem Gebrauch von Gegenständen bestehen, zu bestimmten Gelegenheiten in gleicher Weise vollzogen werden, im Ablauf durch Tradition oder Vorschrift festgelegt sind. Aber das ist eine zu äußerliche Definition. Eigentlich bilden Riten die von den Göttern/Gott den Menschen mitgegebene „Gebrauchsanweisung" für das Leben, kundgetan schon bei Erschaffung von Welt und Mensch. Sie gelten darum „von Anfang an". Folglich erscheinen Kultus und Ritus umso vertrauenswürdiger, je altertümlicher sie sich geben: Wie im Anfang, so in Ewigkeit. Mircea Eliade († 1986) hat ein ganzes Buch über die „Sehnsucht nach dem Ursprung" geschrieben, die darin besteht, „einen urtümlichen Akt nachzuvollziehen". Von diesem Ursprung abzuweichen, ist Abfall, ist Dekadenz und macht alles wirkungslos. Weiter, man muss den Ritus nicht im Einzelnen verstehen, ihn aber minutiös vollziehen. Wiederum Eliade: „Infolge eines rituellen Fehlers werden die Verbindungen zwischen Himmel und Erde unterbrochen, und die Götter ziehen sich in den höchsten Himmel zurück". Sowohl das Gesetz der Ursprünglichkeit wie ebenso das der Genauigkeit haben Wirkung bis heute, sind offenbar in der Religionspsyche tief verankert. Im Begleitschreiben Benedikts XVI. zu seinem soeben erlassenen Motu proprio heißt es: In der tridentinischen Messe „kann stärker (…) als bisher (…) jene Sakralität erscheinen, die viele Menschen zum alten Usus hinzieht."[1]

Weiter, Kult und Ritus kontaktieren mit Gott/Göttern, weil Höheres als das Menschenmögliche erreicht werden soll, nämlich solches, das nur die Übermächte verwirklichen können: Erntesegen, Gesundheit, Schutz vor Unglück, Erhalt und Steigerung des Lebens, letztlich Ewiges Leben. Um dieses Menschenunmögliche, aber Gottmögliche, zu erlangen, bietet der Mensch das Höchste auf, das er herzugeben vermag, sogar Menschenopfer. Auf Ritus und Kult wirkt dieses Höchstverlangen insofern zurück, als die Menschen nun auch den Gottesdienst zu höchster Entfaltung bringen. Denn es geht um das Äußerste und dafür werden Kult und Ritus zuhöchst gesteigert, sowohl im Wert des Dargebrachten wie in der Subtilität des Ablaufs. Insofern haben es Kultus und Ritus immer mit Aufwand und Kunst zu tun: das Kostbarste in der verfeinertsten Form. Auch das ist religionspsychologisch tief verankert, wie sich in Martin Mosebachs Protest gegen die „Häresie der Formlosigkeit" zeigt.

Kultus und Ritus ändern sich, sobald eine Religion „subjektiv" wird, d.h. wenn Geist und Herz des Menschen mit einbezogen, ja vorrangig werden. Voraussetzung dafür ist, dass Gott/Götter selber ethisch werden und herzlich agieren. Dann kann der Ritus nicht mehr einfach nur vollzogen werden, dass etwa schon der pure Vollzug die Wirkung freisetze. Vielmehr ist vom Menschen wissende und beherzigende Mitbeteiligung gefordert, sonst bleibt alles Tun vor Gott/Göttern wirkungslos. Die griechischen Philosophen begannen, weil sie auf die Gesinnung setzten, über die Blutopfer zu spotten. Jedem Bibelleser klingt im Ohr, dass Jahwe nicht das Blut von Böcken und Stieren verlangt, sondern das zerknirschte Herz. Konsequenterweise muss darum der Ritus wenigstens teilweise „Ausdruck" werden: In ihm drückt sich menschliche Beteiligtheit, ja Innerlichkeit aus. Nicht aber muss deswegen der göttliche Stiftungscharakter in Frage gestellt sein. Vielmehr wird Gott als denkend und herzlich aufgefasst, der den von ihm gestifteten Ritus nun gleichfalls denkend und herzlich von den Menschen mitvollzogen sehen will; andernfalls entziehen sich die Himmlischen. Mit dem menschlichen Subjektivitätsanteil eröffnete sich eine bis heute nachwirkende religionspsychologische Konfrontation: Kultus und Ritus werden, weil fortan Ausdruck auch der Innerlichkeit, „beweglich", sind nicht mehr in erster Hinsicht unveränderlich und altertümlich, sondern sollen dem geistlichen Nutzen dienen.

Aus diesen Vorbedingungen ergeben sich wesentliche Einsichten auch für die christliche Liturgie. Deren wichtigste Riten, die Sakramente, sind auf Jesus Christus zurückgeführt, sind also göttlich gestiftet. Zugleich erfordert die christliche Liturgie die menschlich-subjektive Beteiligtheit. Denn gerade auch die Liturgie untersteht dem ersten Christengebot, Gott zu „lieben mit ganzem Herzen und ganzer Seele, mit all deinen Gedanken und all deiner Kraft"[2], obendrein den „Nächsten (zu) lieben wie dich selbst."[3] Christliche Liturgie oszilliert darum immer zwischen zwei Polen, der „objektiven" Gottgesetztheit und der „subjektiven" Aneignung. Beides ist für die Heilswirkung konstitutiv. In der Liturgie erscheint Gottes ausgestreckte Hand; wenn aber diese Hand nicht vom Menschen ergriffen wird, bleibt zwar Gottes Angebot, aber es geschieht kein Heil für den Verweigerer. Insofern ist der subjektive Anteil heilskonstitutiv. Für die gefeierte Liturgie bedeutet das: Sie will mit Herz und Seele vollzogen sein; dafür fordert sie jeden Einzelnen heraus, bewirkt dadurch intensive Kommunikation, bildet konstitutiv *communio* mit Gott und den Menschen, verpflichtet infolgedessen auch zu Sozialverhalten, zur Armensorge und Feindesliebe. Für diese Beteiligtheit bietet die christliche Liturgie das Äußerste auf, aber nicht zuerst in kultischem Aufwand, sondern vom Inneren her: als „thysia logike", als „geistiges Opfer" der Selbsthingabe für das Gotteszeugnis und für die Sozialsorge.

Schon der sich Bekehrende soll sich von seinem Inneren her der Taufe zuwenden, ebenso jeder Gläubige sich in der Eucharistie selber opfern auf dem Altar des eigenen Herzens. Diese Selbstbeteiligtheit ist Joseph Ratzinger zufolge letztlich als „Selbsthingabe" zu interpretieren: Jesu Tod „war die einzige wirkliche Liturgie der Welt"[4]; denn er trat „durch den Vorhang ,des Fleisches' (Hebr 10,20), d.h. durch den Todesvorhang hindurch in den wirklichen Tempel, vor das Angesicht des lebendigen Gottes, nicht um irgendwelche Dinge, sondern um sich selbst darzubringen"[5]. Oder ausführlicher in Ratzingers „Der Geist der Liturgie": Schon das Opferwesen des Alten Testaments war „ständig von einer prophetischen Unruhe begleitet und in Frage gestellt"[6] und dieses innerste Wissen um die alttestamentliche Vorläufigkeit der Tempelopfer habe sich dann mit der griechischen Kultkritik vereint: „Auf diese Weise reift nun immer mehr der Gedanke der *logike latreia (thysia)*, der uns im Römerbrief 12,1 als christliche Antwort auf die Kultkrise der ganzen antiken Welt begegnet: Das ,Wort' ist das Opfer, das Gebetswort, das aus dem Menschen aufsteigt und die ganze Existenz des Menschen in sich aufnimmt und ihn selbst zu ,Wort' (logos) werden lässt. Der Mensch, der sich zum Logos formt und Logos durch den Glauben wird, der ist das Opfer"[7].

Vom Neuen Testament her zeigt sich, dass Taufe und Abendmahl „von Anfang an den spezifischen Gottesdienst der Christen"[8] bildeten. Jesus selbst hat dazu beauftragt. Aber er hat – erstaunlich genug – keine präzise Liturgie angeordnet. Für die Taufe heißt es: „Tauft (…) auf den Namen des Vaters, des Sohnes und des Heiligen Geistes, und lehrt sie"[9]. In der Apostelgeschichte predigt Petrus: „Kehrt um und jeder von euch lasse sich auf den Namen Jesu Christi taufen"[10]. Daraus bildete sich die Taufliturgie. Gegen 200 n. Chr. lag – wie die lange Zeit dem römischen Bischof Hippolyt († 235/236) zugeschriebene „Traditio apostolica" zeigt – jene Taufliturgie vor, deren Grundstruktur dann für alle Zeiten maßgeblich blieb. Viel deutlicher „geschichtlich" erscheint das „Herrenmahl" mit dem „Brotbrechen". Hier aber erlaubt die Quellenlage keine Rekonstruktion einer Urform.[11] Speziell die Anfänge der lateinischen Messe in Rom – so Joseph Andreas Jungmann – „sind zunächst in tiefes Dunkel gehüllt"[12]. Solange die römische Gemeinde griechisch sprach, „kann man noch nicht von einer oder gar *der* römischen Messe sprechen"[13]. Erst die frühchristlichen Kirchenordnungen geben einen Gesamtablauf zu erkennen, zeigen aber bereits entwickeltere Formen. Wichtig ist auch hier die Hippolyt zugeschriebene „Apostolische Tradition", die jenen Hochgebetstext enthält, dem der heutige zweite Kanon nachgestaltet ist.

Dass Taufe und Eucharistie von Anfang an die „spezifischen Gottesdienste" der Christen waren, lässt vergessen, dass es im Neuen Testament noch Beauftragungen zu weiteren Sakralhandlungen gibt, solche sogar, die auch ansatzhaft Rituale zeigen und die doch für die christliche Liturgie bedeutungslos blieben. Zu nennen sind hier Jesu zahlreiche Wunderheilungen und Teufelsaustreibungen, bewirkt zumeist durch sein Wort und begleitet von einer Handauflegung. Bei der Heilung eines Taubstummen erscheint eine Art Ritual: Er „legte ihm die Finger in die Ohren und berührte dann die Zunge des Mannes mit Speichel; danach blickte er zum Himmel auf, seufzte und sagte (...): Öffne dich!"[14] Seine Jünger hat Jesus zu gleichem Tun aufgefordert: „Heilt Kranke, (...) machte Aussätzige rein, treibt Dämonen aus!"[15] Ja, im Markus-Schluss ist die Taufbeauftragung mit der Dämonaustreibung und der Wunderheilung direkt verbunden: „In meinem Namen werden sie Dämonen austreiben; (...) und die Kranken, denen sie die Hände auflegen, werden gesund werden."[16] Gleichwohl hat sich in der Kirche kein offiziöses Amt eines Wunderheilers entfaltet. So zahlreich Wunderheilungen geschahen – sie blieben sozusagen „charismatisch", konnten von Geweihten und Laien, von Männern und Frauen bewirkt werden, waren aber nie an ein offizielles Amt gebunden. Von Bischof Augustinus († 430) weiß sein Biograf kein Wunder zu vermelden. Für die Dämonenaustreibung kam allerdings das Amt des Exorzisten auf, das freilich ein „niederes" blieb, auf einer Stufe nur mit Türhüter, Lektor und Kerzenträger. Wir sehen hier, dass die Kirche bei der Übernahme neutestamentlicher Vorgaben für die Liturgie durchaus eigene Souveränität bewies. So, wie der Kanon der neutestamentlichen Schriften nicht ohne Kirche denkbar ist, so ebenso wenig die Liturgie.

Der Prozess, den die altkirchliche Liturgie für das Weitere nahm, ist umschrieben worden mit: „From freedom to formula". Gemeint ist, dass die Liturgie zwar einen festen Verlauf erhielt und auch vielerlei festgefügte Rituselemente einschloss, dass sie aber – um der Innerlichkeit Raum geben zu können – nicht einfach festgelegt war. Bezeichnend ist dafür eine Aufforderung aus der erwähnten hippolytischen „Apostolischen Tradition" für das Hochgebet der Messe: „Es ist keineswegs nötig, dass er (der Bischof) bei der Danksagung (Eucharistie) dieselben Worte verwendet (…), so als hätte er sie auswendig gelernt. Vielmehr soll jeder seinen Fähigkeiten entsprechend beten."[17] Das in der Kirchenordnung als Beispiel angegebene Hochgebet, der heutige zweite Kanon, wollte ein Modelltext, kein Normtext sein. Das heißt: Die Liturgie war, trotz festliegender Grundstruktur, „freies Gebet". So deutlich Taufe und Eucharistie als göttlich gestiftet galten und insofern vorgegeben waren, blieb doch Freiraum. In der Einzelausführung sollte innerliche Gestaltbarkeit bleiben und dafür wurde die Liturgie offen gehalten, wurde nicht in Ritus und Text total festgeschrieben. Selbst die als allerheiligst apostrophierten Abendmahlsworte wurden in den verschiedenen Liturgien unterschiedlich rezitiert, bietet ja schon das Neue Testament zwei Versionen, die markinisch-matthäische und die paulinisch-lukanische.

3. Die Verfestigung der Liturgie

Seit der Spätantike begann indes die Liturgie immer mehr zur festen Form zu gerinnen. Sie wurde verschriftlicht und erhielt Buchform. Die Verschriftlichung ist nicht zuletzt damit zu erklären, dass der Klerus nicht mehr über eine hinreichende Bildung verfügte und so auf Vorlagen angewiesen war. Die Liturgie wurde „verbucht", womit Wort wie Ritus fortan „vorgeschrieben" waren. Bonifatius sandte eigens seinen Sekretär Lull nach Rom, um sich vom Papst die im Messkanon zu machenden Kreuze angeben zu lassen. Karl der Große intendierte deswegen eine „richtige" Liturgie, weil Gott keine Fehler hören wolle. Dieser Fixierung folgte bald eine Petrifizierung, welche Einzelheiten oder auch ganze Passagen nicht mehr aus sich heraus verständlich erscheinen ließ und zugleich als unabänderlich erklärte; ja gerade in dieser Unveränderlichkeit und Unverstehbarkeit wurde die göttliche Qualität erblickt. Ein Letztes tat die Idee der drei heiligen Sprachen, dass Hebräisch, Griechisch und Latein, die Sprachen der Kreuzesinschrift Jesu, allein liturgiewürdig seien und keine sonst.

Aber erfüllte diese petrifizierte Liturgie noch das Erstgebot, Gott zu lieben aus ganzem Herzen und mit allen Gedanken? Die Theologen wussten, dass man bei der Liturgie immer etwas „denken" und „empfinden" musste, und erfanden deswegen die Allegorese; das heißt: Man unterlegte dem Ritus eine aufgesetzte Deutung, etwa dem Messverlauf das Passionsgeschehen vom Einzug Jesu in Jerusalem bis zu seiner Himmelfahrt.

Zudem blieb immer bewusst, dass die Ausgestaltung der Liturgie von Menschen stammte. Der Liber Pontificalis, das vom 5. bis zum 12. Jahrhundert in Rom geführte „Papstbuch", gibt für nicht wenige Messriten und -gebete an, welcher Papst sie eingeführt habe. Und das blieb argumentativ bewusst. Der wohl einflussreichste mittelalterliche Liturgiker Wilhelm Durandus († 1296) wusste genau, welche Päpste jeweils zur Messliturgie beigetragen hatten.[18] Die Einsicht in die Gewordenheit der Liturgie führte ihn obendrein zu theologischen und liturgiepraktischen Konsequenzen: Die Anwachsungen und Veränderungen seien legitim, vorausgesetzt, sie blieben im Rahmen der göttlichen Stiftung. Angesichts der Vielfalt unterschiedlicher Gebräuche fordert Durandus sogar Toleranz: „Varietas toleratur"[19]. Denn solche Variationen könnten eine Steigerung der Feierlichkeit und besonders der Ehrfurcht bewirken; das soll heißen: Sie dienten der subjektiven Intensivierung.[20] Das Spätmittelalter nahm einen intensivierten Anlauf zur Verandächtigung: Es erfand die Messandacht. Weil der Messritus aus sich heraus nicht mehr verstehbar war und in dem für das Volk unverständlichen Latein gefeiert wurde, schuf man Paralleltexte, die ein erklärend-frommes Mitbeten in der Volkssprache ermöglichten. Die Messfeier war damit gedoppelt: der Latein betende Priester und der in seiner Sprache betende Laie. Die Frömmigkeit bricht sich Bahn, ohne aber den petrifizierten Ritus neu verlebendigen zu können. Ratzinger beklagt diese Doppelung: „Im Messbuch, nach dem der Priester sie feierte, war ihre von den Ursprüngen her gewachsene Gestalt ganz gegenwärtig, aber für die Gläubigen war sie weithin unter privaten Gebetsanleitungen und -formen verborgen"[21].

Die Reformation zog die evidenten Konsequenzen. Sofort ging man zur volkssprachlichen Liturgie über. Aber das war nicht alles. Luther eliminierte obendrein den Opfergedanken aus dem Hochgebet und verstümmelte es dabei. Im weiteren Verlaufe, zumal seit der Aufklärung, wurde der Ritus so stark subjektiviert, dass er zuletzt fast nur noch begleitender Ausdruck für Wortverkündigung war. Umgekehrt verlief die Tendenz im Katholizismus. Die tridentinische Liturgie unifizierte und ritualisierte sich bis zum Exzess. Im moraltheologischen Werk des im ganzen 19. Jahrhundert hoch angesehenen und heilig gesprochenen Alfons von Liguori († 1778) lassen sich über hundert Todsünden ausmachen, die bei der Messzelebration drohten, etwa ohne Stola, ohne Talar oder mit angebrochener Hostie.

Der schärfste Einspruch gegen Liturgie und Kult kam von der Aufklärung: Angesichts naturwissenschaftlicher Verfahren erschienen religiöse Riten vollends lächerlich, etwa der Wettersegen gegenüber dem Blitzableiter. Das uralte Religionsphänomen, dass Gott in Donner und Blitz die Sünder warne und die Bösen bestrafe, erschien als lächerlich. Denn jeder ausgemachte Bösewicht konnte sich den soeben erfundenen Blitzableiter aufs Dach setzen und war damit salviert. Nur noch Priesterbetrug und „Afterdienst" (Kant) seien Ritus und Kult, wie der neue Skeptizismus bzw. Agnostizismus denunzierte, der sich eine rituelle Wirksamkeit gar nicht mehr vorstellen konnte. Dennoch verlor der Ritus nicht einfach seine Bedeutung. Er wurde in der Romantik ein Gehabe, um das bleibend Unerklärliche auszudrücken, etwa die Rätselhaftigkeit des Lebens wie des Todes. Der so verstandene Ritus bildete ein Gehäuse, in dem der Einzelne subjektiv Halt finden konnte. Und so ist es bis heute. Die postreligiöse Welt greift bereitwillig zu Kult und Ritus, wenn sie sprachlos geworden ist, wenn das Unfassliche geschehen ist und der Verstand nichts mehr begreift. Bei öffentlichen Katastrophen oder auch bei Beerdigungen von Staatsoberhäuptern sind religiöse Zeremonien bis heute unentbehrlich. Auf den Friedhöfen treten freireligiöse Beerdigungsprediger als ein neuer Berufsstand auf.

4. Die Liturgische Bewegung und die Reform des Zweiten Vatikanischen Konzils

Die Liturgische Bewegung, für die in Deutschland die Benediktinerabteien Beuron und Maria Laach stehen und deren effektivster Beförderer der 1952 mit dem Friedenspreis des Deutschen Buchhandels ausgezeichnete Romano Guardini († 1968) war, begann in Wirklichkeit gar nicht in den christlichen Kirchen. Sie begann in jener kultur- und religionsgeschichtlichen Wende, die auf 1900 datiert wird und die Religionswissenschaft zur Universitätsdisziplin erhob. Ernst Troeltsch († 1923) sah es als klares Ergebnis der Religionsgeschichte an, „dass das Wesentliche aller Religion nicht Dogma und Idee, sondern Kultus und Gemeinschaft ist". Gerade auch außerhalb der Theologie kam Liturgieforschung in Gang; man denke etwa in der Geschichtswissenschaft an Percy Ernst Schramms († 1970) „Herrschaftszeichen und Staatssymbolik" oder auch an Ernst Kantorowicz' Untersuchung über die Herrscher-Akklamation, die „Laudes regiae". In Göttingen bildete sich die religionsgeschichtliche Schule. Rudolf Bultmann († 1976) schrieb eine Theologie des Neuen Testaments, nun nicht allein mit „Wort", sondern

auch mit „Kirche" und „Sakramenten". Das war die Wiederentdeckung der Liturgie im Neuen Testament. Für Joseph
Ratzinger bildete in seiner Studentenzeit – wie er selber bekennt – diese Neuentdeckung des Sakramentalen und damit
der Liturgie genau jene theologische Wende, die mit der ge-
nerellen Bewusstseinsveränderung nach dem Ersten Weltkrieg aufkam und die für ihn die Theologie neu prägte.

Der Jesuit Josef Andreas Jungmann, seit der Schließung
der Innsbrucker Theologischen Fakultät 1938 kaltgestellt,
kam 1945 mit dem Manuskript jenes Buches zurück, das
ihn weltbekannt machte, mit „Missarum Sollemnia". Als
„anfangs Mai 1945 die Wogen des Krieges (…) sozusagen
vor unseren Mauern von Osten und Westen her zusammen-
schlugen, wurden eben diese letzten Seiten des Manuskripts
ins Reine geschrieben."[22] Er lieferte eine historisch-gene-
tische Messerklärung, geschrieben in der Absicht, dass „die
Liturgie eine Gestalt empfängt, die durch sich selber spricht
und umständlicher Erklärungen nicht mehr bedarf"[23]. Damit war der Weg zur Liturgiereform eröffnet und das Zweite
Vatikanische Konzil führte die Reform herbei.

Mit der Reform aber erhob sich ein innerkatholischer Streit,
der heute, nach über 40 Jahren, noch keineswegs abgeklun-
gen ist. Da melden sich die Enthusiasten wie die Verletzten,
einerseits der Jubelruf: „das Ende des Mittelalters in der Liturgie"[24] und andererseits der Schmerzensschrei der „an den
Zerstörungsphänomenen (…) im verwüsteten Weinberg der
Kirche Leidenden". Die Reform bezog sich wesentlich auf die
altkirchliche Liturgie, wollte also insofern keine revolutionäre Neuerung. Für all diejenigen, die der Reform zustimm-
ten, bedeutete das: „Die Tradition des jüdisch-christlich-alt-
kirchlichen Gottesdienstes ist (…) von solch überzeugender
Logik, daß jeder christliche Gottesdienst, wollte man ihn
ganz vom Nullpunkt aus entwerfen, nachweislich – Expe-
rimente haben es bewiesen – bei dem bekannten Grund-

muster ankäme: Einleitung, Wortgottesdienst aus Lesung, Gebet, Gesang, Predigt, dann Abendmahlsgottesdienst mit dem Gedächtnis des Todes und der Auferstehung Christi, eingebettet in eine Gedächtnishandlung, Entlassung in den Alltag"[25]. Die Befürworter sahen und sehen sich zudem dadurch bestätigt, dass „unsere Gemeinden (…) mit überwältigender Mehrheit die Liturgiereform angenommen (haben) und (…) sich grundsätzlich keinen anderen Gottesdienst mehr (wünschen)"[26]. Unzählbar sind die Bemühungen, die neue Liturgie zu erklären[27] und auch die vom Konzil geforderte „gebührende Unterweisung" umzusetzen; als Beispiel sei nur eine viel gerühmte Artikel-Serie von Klemens Richter angeführt.[28] Ebenso sind vielerlei theologische Bemühungen zu registrieren.[29]

Aber es melden sich auch Bedenken. Die Liturgiereform ist unter Absehung aller Religionsgeschichte gemacht worden. Wie anders war das noch in der Liturgischen Bewegung mit der Mysterientheologie gewesen, die im Rückgriff auf die Antike gewonnen wurde und heute als wesentlichste theologische Entdeckung des 20. Jahrhunderts gefeiert wird. Die konziliare Reform hat sozusagen die ewig-gültigen Grundstrukturen freilegen wollen, ist darum betont zurückgekehrt zu einer vermeintlich ursprünglichen Liturgie, bei Entrümpelung von allen verunklärenden Zusätzen. Schon historisch ist aber einzuwenden, dass der konziliare Rückgriff auf die (spät-)antike Liturgie nicht mehr deren Urform erreicht und hauptsächlich allein die Texte betrifft. Denn über die Feierart selbst, wie nämlich in Wirklichkeit diese Liturgie ehemals „gefeiert" wurde, davon wissen wir so gut wie nichts. Unsere Reform ist in Wirklichkeit weitgehend Text-Reform.

Aber Liturgie kann und darf gerade nicht bloß Wort sein. Mindestens muss das Wort „angehalten", sozusagen zum Stillstand gebracht werden, dass es verweilt und wir auf diese Weise Zeit haben zum Eindringen oder zum damit Befrachtet-Werden. Von hier aus wird zu Recht die Verwortung der nachkonziliaren Liturgie beklagt. Jede von liturgischen Puristen verteufelte Konzert-Messe kann da besser wirken als das üblich gewordene Gerede. Ist nicht der stille Triumphzug der Ostliturgie, die von sich her absolut unverständlich ist, Ausdruck solchen Verlangens nach Angehaltenwerden und Verweilendürfen? Von einem Konzert oder Theater sind wir dann hingerissen, wenn wir gar nicht gemerkt haben, dass zwei Stunden währenddessen vergangen sind. Aber wann erfährt ein Durchschnittskirchenbesucher, dass eine Liturgie ihn wegreißt, aus der Zeit heraus in den Vorgeschmack von Ewigkeit? Nun, man hört sofort die Einwände: Liturgie müsse ins Leben, in die Politik führen! Politisches Nachtgebet! Das ist richtig, gelingt aber nur, wenn zuvor die große „Vertiefung", die überalltägliche „Erhebung" erfahren, wenn – am wichtigsten – die thysia logike vollzogen worden ist. Oder noch einfacher: Man frage Jugendliche, wann und ob sie überhaupt mal ein Kirchenlied so geschmettert haben, dass sie sich die Seele aus dem Hals gesungen haben. Warum da immer nur brav Introitus, Kyrie und Gloria und so weiter? Der Verfasser hat eine Zeit lang in einer hauptsächlich aus Chinesen rekrutierten Pfarrei im kanadischen Toronto gelebt, wo der sonntägliche Gottesdienst jeweils mit einem Gospel-Song begann, der einem einen richtigen Schuss ins Blut gab. Es muss Raum bleiben für „Gestaltung", will sagen: für zeit- und personenbezogene Feierformen, freilich immer innerhalb der theologischen Grundlagen wie ebenso der gebotenen Formsicherheit. Dank der Religionsgeschichte und der -phänomenologie sollte uns klar sein: Gottesdienst ist mehr als Text und dessen intellektuelle Erklärung. Vielmehr kennt Religion einerseits Meditation mit körperlicher Stillstellung, kennt andererseits Ekstase mit Jubel und Tanz, kennt vor allem den gewichtigen Ernst der Lebensentscheidung, letztendlich die Vorbereitung auf den Tod, das Sterben-Lernen. Die Liturgie soll dazu nicht primär gescheite Gedanken bieten, sondern ein Durchdrungen-Werden vermitteln. Gottesdienst setzt Theologie voraus, ist aber selbst nicht theologische Aufklärung.

Ebenso noch ein Wort von der Religionspsychologie her. Höchst bezeichnend ist das Scheitern der Pfarrzentren mit identischem Gemeindesaal und Gottesdienstraum. Da doch Christen – so das an sich richtige Argument – keinen besonderen Raum für ihre Liturgie benötigten, genüge der Multi-Raum: samstagabends Jugendtanz – sonntagmorgens Messfeier. Alle diese Versuche sind gescheitert. Der Grund ist religionspsychologisch: Was einmal für den Gottesdienst benutzt worden ist, gewinnt damit Ausschließlichkeitscharakter: von nun an nur und immer für die Liturgie. Es ist das urreligiöse Bestreben, gerade für den Gottesdienst das Besondere bereitzustellen. Selbst der doch auf radikale Armut eingeschworene Franziskus wollte für die Messfeier Gold und Silber (das andererseits das Kirchenrecht bei grassierender Armut einzuschmelzen gebot). Von daher nicht zuletzt auch ein Protest gegen die Bauwut. Im 20. Jahrhundert ist ein- und dieselbe Kirche bis zu fünf Mal umgebaut worden: um 1900 war sie gotisiert, nach dem Ersten Weltkrieg wandten sich die jugendbewegten Kapläne der zeitgenössischen Kunst zu und, sobald Pastöre geworden, begannen sie entsprechend neu zu gestalten: mit Sandstrahlgebläse gegen die Neo-Ausmalung und vor allem der Umbau des Altarraumes. Nach dem Zweiten Weltkrieg dann so allüberall, bis das Konzil wieder eine Neugestaltung verlangte, und wer besonders eifrig war, hat inzwischen nochmals umgebaut. Gewiss, Änderungen waren erforderlich. Aber: Als wenn Steine Geist zu erzeugen vermöchten! Und erscheint einem inzwischen nicht manche neugotische Kirche, die sehr wohl ihren „Volksaltar" hat, erträglicher als manches sonst? Irgendwo soll ein Diözesanbaumeister jene neugotische Kirche, die er zuerst modernisierte, zuletzt wieder re-neogotisiert haben. Das ist nur in einem Kirchensteuer-Land möglich! Am schlimmsten aber sind die religionspsychologischen Vergewaltigungen. Die zumeist aus besonderen Spenden und Opfern der Gemeinde ermöglichten Neugestaltungen, die doch endlich das Richtige und Endgültige darstellen sollten und auch mit Gemeinde-Einkehrtagen begleitet wurden, werden bei der nächsten Pastoralerneuerung schon wieder abgetan. Das ist Zerstörung religiöser Gefühle! Man kann einen Tabernakel nicht einfach liturgisch oder architektonisch „passend" versetzen, nicht Bilder einfach abhängen und am wenigsten alle 30 Jahre einen neuen Altar hinstellen. Die „Süddeutsche Zeitung" hatte vor Jahren einen seitenlangen Bericht über die Versteigerung des Kircheninventars einer katholischen Kirche in Amsterdam; der Journalist, zwischen zuschauenden Gemeindemitgliedern sitzend, notierte das Geflüster: der Beichtstuhl, wo ich gebeichtet habe, die Kommunionbank, an der ich Erstkommunion hatte. Wer immer im Kirchbau religiöse Erfahrungen gemacht hat, dem ist dieses Gebäude samt Einrichtung „heilig" geworden; bei Betreten leben dort gemachte Erfahrungen wieder auf, versetzen in eine erhöhte Bereitschaft, bewirken eine religiöse Akkumulation. Nochmals: Nicht der Bau macht Geist; jede Predigt „mit Zündpunkt" (Guardini) zählt mehr als äußere Modernisierung. So ist der Ruf nach Reform bis heute nicht verstummt, nun als „Reform der Reform", wobei die einen noch weiter vorangehen und die anderen zurückkehren wollen. Das ist der Hintergrund der jüngsten Papst-Verordnung.

In den weiter schwelenden Diskussionen drohen polemische Verzerrungen. Wenn die nach dem Trienter Konzil von mittelalterlichen Zusätzen gereinigte Mess-Liturgie heute als rein römisch bezeichnet wird, so ist dies nur beschränkt richtig, denn die noch rekonstruierbare Erstform zeigt sich durchsichtig und verständlich. Beispielhaft steht dafür das römische Hochgebet, dessen ursprünglich durchgehende Gedankenführung seit dem 5. Jahrhundert durch eingeschobene Bitten aufgesprengt wurde. Nach Erwähnung der dargebrachten Gaben sind jene Bitten eingeschoben, die ursprünglich einmal den Abschluss des Wortgottesdienstes gebildet hatten. Im Hochgebet sollten sie möglichst nahe an die *sacratissima verba* der Abendmahlsworte herangerückt sein. Wer heute den ersten Kanon verstehen will, muss, um diese Unterbrechung der ursprünglichen Gedankenführung nachzuvollziehen, eigentlich zuvor ein liturgiegeschichtliches Seminar absolvieren.

Theologisch ist gravierend jener Einschub, der die Priester zu den eigentlich Opfernden macht: „Für sie (die Laien) bringen wir (die Priester) dieses Opfer dar". Das heißt: Der Messpriester vermittelt das Opfer zu Gott und nicht mehr bringt die versammelte Gemeinde ihr Opfer dar. Das Erstverständnis des christlichen Priesteramtes ist aber nach Ratzinger wie folgt zu definieren: „Der christliche Priester ist im Gegensatz zum jüdischen und erst recht zum heidnischen sacerdos nicht eigentlich und primär Kultdiener, der ein bestimmtes Ritual abwickelt, sondern Gesandter, der die Sendung Christi auf die Menschen hin, sein *kalein* (Rufen) zur *ek-klesia* (zur Gemeinde der Herausgerufenen) fortsetzt"[30]. Dass nun eigentlich der Priester das Messopfer darbrachte, dispensierte die Laien praktisch vom Selbstopfer. Sie „bestellen" Messen, die zu ihrer Nutz und Segen gefeiert wurden, ohne aber selber anwesend zu sein, ja gravierend genug, ohne sich selber mitzuopfern, wie es doch Erstintention der Eucharistie sein soll. Millionenfach sind diese bestellten Messen gefeiert worden. Heute ist gar nicht mehr bewusst, welche nur ungeheuerlich zu nennende Entwicklung daraus folgte. Dafür sind hier die frühmittelalterlichen Klöster anzuführen mit ihren Stiftungsmessen. Cluny feierte jeden Tag zwei gesungene Konventsämter; außerdem „las" – wie man nun sagen muss – jeder Priestermönch seine Privatmesse. Das Stundengebet erreichte in Cluny täglich um die 200 gesungene Psalmen. Die geistlichen Messfrüchte sollten den Stiftern zukommen, die aber selber nicht anwesend waren, also sich nicht „mitopferten", dafür aber Stiftungen gemacht hatten, zunächst hauptsächlich in Form von Landschenkungen und später in Geld. Jungmann hat von einem regelrechten „Sich-Einkaufen in die Messgnade" gesprochen. Zwar meldete sich Kritik, etwa von Franziskus. Aber selbst sein Orden erlag wieder der verlockenden Praxis der bezahlten Stiftungsmessen. Im neuzeitlichen Italien gab es die „preti della piazza", jene dürftigst ausgebildeten Priester, die gerade nur die vielen gestifteten Messen „lesen" konnten, aber keine Seelsorgstätigkeit zu leisten vermochten. Noch bis zur Liturgie-Reform des Zweiten Vatikanischen Konzils war in nicht wenigen Ordensinternaten die tägliche Schulmesse ein gestiftetes Requiem.

Vor diesem Hintergrund wird erst erkennbar, was Pius XII. bewirkte, als er die Eucharistie wieder als Opfer der ganzen Gemeinde herausstellte. Das Zweite Vatikanische Konzil hat diese Linie mit ihrer Communio-Theologie weiter bestärkt: „Die Gemeinde feiert." Joseph Ratzinger plädierte 1966, damals Dogmatiker in Tübingen, vor den Leitern der deutschsprachigen Priesterseminare für eine „Entmythisierung" des „Hochwürdigkeitsdenkens": „Der Priester wurde dort als Mittler zwischen Gott und den Menschen geschildert und in eine geradezu unirdische Höhe erhoben (…); mit seinen Händen bringe er Gott das Opfer der Versöhnung dar; er wurde gepriesen als der Mensch, dem die Macht verliehen sei, mit den Wandlungsworten Gott geradezu auf den Altar herabzuzwingen. Dieses Bild ist unwiderruflich zerbrochen"[31]. Die Begründung liefert ihm die Briefliteratur des Neuen Testaments: „Eine kultische Vollmacht des Priesters wird zu unserem Erstaunen direkt jedenfalls nicht erwähnt"[32]. Wer heute das erste römische Hochgebet betet, muss diese theologische Korrektur im Kopf haben und danach sein Beten korrigieren.

Sodann hat es – für derzeitiges Kirchendenken erstaunlich – lange Zeit keine päpstliche Oberhoheit in Sachen Liturgie gegeben. Die römisch-päpstliche Liturgie galt in Rom und Umgebung, im „suburbikarischen Italien". Schon in Mailand und Gallien gab es eine andere, viel größere „Liturgiefamilie", die gallikanische. Dass heute in der westlichen Christenheit die römische Liturgie praktisch Alleingültigkeit besitzt, ist nicht vornehmlich das Werk der Päpste, sondern der Karolinger, die die römisch-petrinische Liturgie ihrem ganzen Reich per Dekret auferlegten und dabei die gallikanische Liturgie so gründlich beseitigten, dass gerade noch eine Handvoll Textzeugen erhalten sind. Heute beansprucht die vatikanische Administration kirchenweit die Überprüfung selbst noch der Liedertexte.

6. Diskussionen ohne Ende?

Die derzeitige Diskussion nimmt sich oft genug wie ein liturgiehistorisches Gezerre aus. So kursiert zuweilen die Rede, in der römischen Liturgie sei nie ein Ritus abgeschafft worden. Doch braucht man sich nur die Situation zu vergegenwärtigen, als die im 12. Jahrhundert einsetzende Scholastik mehr als 30 für Sakramente erachtete Sakralhandlungen vorfand. Sie reduzierte auf jene sieben, wie sie die katholische Dogmatik bis heute kennt. Dabei gab es nunmehr anerkannte Sakramente ohne vorgeschriebene Liturgie und aberkannte Sakramente mit reichster Liturgie. Für die im 12. Jahrhundert als Sakrament definierte Ehe gab es seit der Spätantike zunächst nur eine Segnung, in Gallien übrigens allein des Ehebettes, auf dass der erste Beischlaf gelänge, aber es gab keinen verbindlichen Eheschließungsritus; als es einen solchen gab, blieb er lange freiwillig, bis das Trienter Konzil den öffentlichen Eheabschlussritus verbindlich machte. Die Buße hatte seit alters eine ausgedehnte Liturgie gehabt, nämlich die Ausschließung der Büßer am Aschermittwoch und die Wiederzulassung am Gründonnerstag. Aber das wurde entleert durch die im Ritus minimalisierte Privatbeichte. Andererseits hatte die päpstliche Kaiserkrönung, die ebenfalls lange als Sakrament gegolten hatte und zuletzt 1530 an Karl V. vollzogen wurde, eine ausgedehnte Liturgie, wurde aber in der Neuzeit auch bei katholischen Kaisern nicht mehr vollzogen und war damit abgetan. Anzuschließen ist das heute gänzlich vergessene Gottesurteil, bei dem Verdächtige z.B. eine glühende Pflugschar in die Hand nehmen und damit vom Taufbrunnen bis zum Altar laufen mussten; je nach Heilung oder Verschlimmerung der Brandwunden hatte Gott Recht gesprochen. Jeder Pfarrer hatte dieses Ritual mit Segnungen und Kommunionreichung zu begleiten und dafür die Utensilien bereitzuhalten. Die Päpste haben dieses Gottesurteil aufs Ganze abgelehnt, aber zeitweilig doch auch selber angewandt. So wollte Gregor VII. den Streit um die Weitergeltung der mozarabischen Liturgie in Spanien durch ein Gottesurteil entscheiden lassen. Praxis und Liturgie des Gottesurteils hat dann Innozenz III. kurzerhand verboten und damit einen über Jahrhunderte praktizierten Ritus abgetan.

Ja, manches ist historisch noch vertrackter. Im ersten

Jahrtausend, so schreibt Joseph Ratzinger, gab es keine Tabernakelfrömmigkeit[33]; ja es gab sie nicht bis ins Spätmittelalter. Nur für die Kommunion auf dem Sterbebett wurden konsekrierte Hostien aufbewahrt. Die bei der Messe jeweils übrig gebliebenen Hostien hatten die Geistlichen und Messdiener zu konsumieren. Weiter, das Austeilen von in einer vorigen Messe konsekrierten Hostien, was übrigens heute noch landauf, landab geschieht, war offiziell verboten. Das Messzelebrieren vor einer in der Monstranz zur Verehrung ausgestellten konsekrierten Hostie war gleichfalls verboten. Erst in nachreformatorischer Zeit wurde dies alles zur urkatholischen Frömmigkeitspraxis, die zweifellos eine tiefe Frömmigkeitswirkung entfaltete. Welcher im tridentinischen Katholizismus sozialisierte Katholik singt nicht heute noch ergriffen das lateinische „Tantum ergo"? Nur, die historische Relativität ist nicht zu übersehen. Will man ein Plädoyer vorbringen, so ist es die altchristliche Liturgie: zwar in der Struktur festgefügt, aber nicht in allen Einzelheiten fixiert. Warum da nicht auf neue und heutige Herausforderungen antworten, wie es immer schon im Laufe der Liturgiegeschichte geschehen ist? Das alttestamentliche Bilderverbot ist im Neuen Testament stillschweigend vorausgesetzt und wirkte in der Alten Kirche weiter. Mag es früh schon Wandmalereien und Tafelbilder gegeben haben, so doch keine Figuralkunst. Bis heute kennt der christliche Osten zwar Ikonen, aber keine Figuren. Ähnlich die Musik: Instrumente im Gottesdienst zu spielen schien anfangs undenkbar, wie ja die Ostkirche bis heute keine Orgel benutzt. Ein frühkirchlicher Christ müsste gerade auch den tridentinischen Gottesdienst heute als befremdlich empfinden. Wenn Benedikt XVI. derzeitige Versuche liturgischer „Kreativität" kritisiert, so ist in der Tat zu bestätigen, dass Liturgie einer hohen Formsicherheit bedarf. Zu oft hat es bei den letzten Liturgiereformen an religionspsychologischer

Sensibilität gefehlt, sowohl in der Liturgiepraxis wie auch im Kirchbau. In nicht wenigen Kirchen sind ausgeräumte Figuren wieder aufgestellt, übertünchte Bilder wieder freigelegt und Prozessionen wieder erneuert worden. Dennoch, das Christentum ist eine „unruhige", religionsgeschichtlich sogar eine „umstürzlerische" Religion. Daraus kann die Liturgie, sofern ihr ewiger Kern von Menschen gestaltet wird, nicht herausgehalten werden. Die Liturgie-Konstitution des Zweiten Vatikanischen Konzils erklärte als Ziel, „das christliche Leben unter den Gläubigen mehr und mehr zu vertiefen, die dem Wechsel unterworfenen Einrichtungen den Notwendigkeiten unseres Zeitalters besser anzupassen"[34]. Und das wird in unserer „beschleunigten Geschichte" auch weiterhin geschehen müssen.

Anmerkungen

[1] *Brief des Heiligen Vaters Papst Benedikt XVI. an die Bischöfe anlässlich der Publikation des Apostolischen Schreibens Motu proprio Summorum Pontificum über die römische Liturgie in ihrer Gestalt vor der 1970 durchgeführten Reform*, in: Sekretariat der Deutschen Bischofskonferenz (Hg.), Papst Benedikt XVI., *Apostolisches Schreiben Summorum Pontificum. Brief des Heiligen Vaters an die Bischöfe anlässlich der Publikation*. 7. Juli 2007 (VApS 178), Bonn 2007, 21–27: 24f, in diesem Band, 19–25:22.

[2] Mk 12,30.

[3] Mk 12,31.

[4] J. Ratzinger, *Zur Frage nach dem Sinn des priesterlichen Dienstes*, in: GuL 41(1968) 347–376: 349.

[5] Ebd.

[6] J. Ratzinger, *Der Geist der Liturgie. Eine Einführung*, Freiburg-Basel-Wien 2000, 33.

[7] Ebd. 38f.

[8] G. Kretschmar: *Abendmahlsfeier I*, in: TRE 1 (1977) 229–278: 231.

[9] Mt 28,19f.

[10] Apg 2,38.

[11] Kretschmar: *Abendmahlsfeier* 231.

[12] J. A. Jungmann: *Missarum Sollemnia 1*, Wien u. a. [5]1962, 63.

[13] H. B. Meyer, *Eucharistie. Geschichte, Theologie, Pastoral* (GdK 4), Regensburg 1989, 168.

[14] Mk 7,33f.
[15] Mt 10,8.
[16] Mk 16,17f.
[17] Traditio apostolica 9, FC 1, 238,16.
[18] Vgl. Durandus, *Rationale* IV, par 5, David – Thibodean 140, 241f.
[19] Ders., *Rationale* IV, Prohemicum par 13, David – Thibodean 140, 8.
[20] Vgl. ders., *Rationale* IV, Prohemicum par 14, David – Thibodean 140, 9.
[21] Ratzinger, *Geist* 7.
[22] Jungmann, *Missarum Sollemnia* VII.
[23] Ebd. 2.
[24] E. J. Lengeling, *Die Konstitution des Zweiten Vatikanischen Konzils über die Liturgie* (Lebendiger Gottesdienst 5/6), Münster 1964, 111.
[25] O. H. Pesch, *Das Zweite Vatikanische Konzil (1962–1965). Vorgeschichte – Verlauf – Ergebnisse – Nachgeschichte*, Würzburg 1993, 128.
[26] Ebd. 125.
[27] Vgl. K. Richter (Hg.), *Liturgie – ein vergessenes Thema der Theologie?* (QD 107), Freiburg–Basel–Wien 1986; vgl. B. Kranemann – ders. – F.-P. Tebartz-van Elst (Hg.), *Gott feiern in nachchristlicher Gesellschaft. Die missionarische Dimension der Liturgie*, Stuttgart 2000.
[28] Vgl. ders., *Kirchenjahr. Feste und Brauchtum im Kirchenjahr. Lebendiger Glaube in Zeichen und Symbolen*, Freiburg–Basel–Wien 1992.
[29] Vgl. ders., *Liturgie*; vgl. B. Kranemann – ders. (Hg.), *Christologie der Liturgie. Der Gottesdienst der Kirche – Christusbekenntnis und Sinaibund* (QD 159), Freiburg–Basel–Wien 1995.
[30] J. Ratzinger, *Frage* 356.
[31] Ebd. 348.
[32] Ebd.
[33] Ders., *Geist* 74.
[34] SC 1.

Rückwärts in die „heile Welt"?

Benedikt XVI. reformiert die Liturgie

von Andreas Odenthal

„Die Kirche hat aber auch eine andere Seite. Ihr Leben umfaßt ein Gebiet, in dem es vom Zweck im besonderen Sinn frei ist. Und das ist die Liturgie", so schrieb Romano Guardini in seinem Buch „Vom Geist der Liturgie" zu Beginn des vorigen Jahrhunderts.[1] Die letzten Jahrzehnte haben gezeigt, wie sehr man Liturgie verzwecken und damit zerstören kann. Denn die Liturgie ist leider allzu oft Sache der Kirchenpolitik und Signum progressiver oder traditioneller Positionen geworden: als Selbstdarstellung in den unguten Basteleien vieler Kleriker oder Gemeindegruppen als dem einen Extrem, als rituell erstarrtes Zeichen einer von bestimmten Gruppen für sich reklamierten „Rechtgläubigkeit" im anderen Extrem.[2] Das Ritual, das doch eigentlich die vielen Menschen der Kirche einen sollte, wurde zum Spielball von Entzweiungen und damit zum Symptom für tiefer liegende Dissensen. Sie betreffen das Kirchenbild und die Auffassung des priesterlichen Dienstes ebenso wie ökumenische Fragen und die Frage nach dem Verhältnis der Kirche zur Welt und ihrer Geschichte. Wenn der Papst nun den Streit um „alte" oder „neue" Messe verändert, indem er beide als „zweifachen Usus ein und desselben Ritus" deklariert, so könnte er viel Wind aus den Segeln oft emotional geführten Streits nehmen. Insofern kann das Motu proprio zunächst als Versuch gewertet werden, die Liturgie von Vereinnahmungen zu befreien und ihr wieder den Wert zuzuerkennen, der ihr auch zukommt: Sie ist Lob Gottes, und sie ist zum Nutzen der Kirche und des Menschen da, wie Benedikt gleich in den Einleitungssätzen des Textes betont. Jedwede Verzweckung und Vereinnahmung zerstört die Liturgie und damit einen lebensnotwendigen Vollzug der Kirche. Und doch bleiben Fragen. Die folgenden Ausführungen möchten aus liturgiewissenschaftlicher Sicht einige Überlegungen zum Motu proprio samt dem Begleitbrief des Papstes beisteuern, um auf möglich Probleme aufmerksam zu machen und zugleich grundsätzliche Überlegungen zur Liturgie der Kirche vorzulegen.

1. Von einer „ästhetischen Liturgie" zur „liturgischen Ästhetik"

Die Liturgiekonstitution des Zweiten Vatikanischen Konzils schreibt die liturgische Tradition der Kirche insofern fort, als der Schatz der Kirchenmusik bewahrt werden soll (SC 114) oder die Bedeutung des Gregorianischen Chorals betont wird (SC 116).[3] Bereits mit dieser Einsicht verschieben sich die Kritikpunkte an der letzten Reform, denn die Traditionsstärke der Liturgie ist dementsprechend keine Frage der Form des verwendeten Ordo Missae, sondern eher ein Problem konkreter liturgischer Praxis.[4] Hier ist in der Tat im Zuge der Zeit manches Bewahrenswerte verloren gegangen. Doch geht es der Liturgiekonstitution bei alledem nicht um einfache Traditionspflege oder Ästhetizismus. Wenn sie vom „Glanz edler Einfachheit"[5] spricht, so ist damit eine Haltung gemeint, die den liturgischen Vollzug so leuchten lässt, dass an ihm die konkreten Grunddaten des gefeierten Glaubens abgelesen werden können. Damit wird die Liturgie zum „locus theologicus" gemäß des Axioms „Lex orandi – Lex credendi".[6] Was die Kirche glaubt, ist an Gestalt und Text ihres Gottesdienstes ablesbar. An dieser Stelle ist die Unterscheidung von „liturgischer Ästhetik" und „ästhetischer

Liturgie" einzuführen. Meint eine „ästhetische Liturgie"
das eher geschmäcklerische Wahrnehmen des Schönen im
Gottesdienst – was durchaus auch Raum haben muss –, so
geht es bei der (dann hier vertretenen) liturgischen Ästhetik um Tieferes, nämlich darum, am liturgischen Akt selbst
die zentralen Aspekte der Heilsgeschichte wahrnehmen zu
können. Dies ist eine Form der Ästhetik, die „sich vom Liturgischen her bestimmt, die also ihre Erfahrung, ihre Sprache und ihren Wahrheitsdiskurs aus den liturgischen Phä-
nomenen selbst herleitet"[7]. Eine solche liturgische Ästhetik
wird ihren Blick auf den Gekreuzigt-Auferstandenen selbst
richten müssen. Mit der Erfahrung des Kreuzes aber ist immer auch der Bruch menschlicher Existenz mitzudenken
und gottesdienstlich zu inszenieren: Die Kirche „bleibt sich
bewußt, daß im Brotbrechen Jesu sein Todesschrei zusammen mit dem Schrei aller zu Unrecht Ermordeten vernehm-
bar ist"[8]. Die Ästhetik der Liturgie kann so immer nur eine
Ästhetik des Bruches sein: Die Unheilssituation von Welt
und Schöpfung wird wahrgenommen, im Lichte des Pascha-
Mysteriums bedacht sowie ihre Überwindung auf Hoffnung
hin gefeiert. Damit ist eine „ästhetische Liturgie" der liturgischen Ästhetik nachzuordnen, wenngleich – auch im
Sinne der Liturgiereform – nicht auf sie verzichtet werden
kann. Im Sinne einer liturgischen Ästhetik ist die gesamte
Tradition der Liturgiegeschichte einzuholen, die in immer
neuen Formen das Pascha-Mysterium auslegt und begeht.
Der ermöglichte Blick auf den Gekreuzigt-Auferstandenen
wird so als Kriterium des Gottesdienstes zu gelten haben.
Elemente der liturgischen Tradition (Choral, Liturgiesprache
etc.), die selbstredend auch nachkonziliar möglich sind, haben ihre Berechtigung nur, insofern sie Interpretation und
Auslegung des Pascha-Mysterium sind.

2. Der eigene „Raum" der Liturgie: Zwischen Objektivität der Form und subjektivem Spielraum

Die Diagnose mancher Formen nachkonziliarer Liturgie ist nicht in jedem Falle freundlich. Die Kritik gilt vor allem dem übergroßen Verbalismus, unerträglichen Banalitäten oder eigenmächtigen Veränderungen der rituellen Vorgaben der Kirche, so gut sie im Einzelfall gemeint sein mögen. Der Anspruch nachkonziliarer Liturgie, den Menschen als Gott Feiernden nicht aus dem Blick zu verlieren, führt oft zu solchen Formen. Es liegt bei diesen Zerrformen indes ein Missverständnis der rituellen Dimension kirchlicher Liturgie vor. Nicht die kleinste gemeinsame Basis aller Mitfeiernden kann Ausgangspunkt des gottesdienstlichen Feierns sein, sondern die normativen Erfahrungen der jüdisch-christlichen Tradition und ihre Ritualisierungen.[9] Diese Erfahrungen offenbaren einen Gott, der sich schnellem Haben-Wollen entzieht, vielmehr die Menschen herausfordert, sich seiner Andersheit, der Transzendenz zu stellen. In diesem Spannungsfeld zwischen menschlichen religiösen Bedürfnissen und den oft mühsamen Erfahrungen eines fremden Gottes, der sich gleichwohl in Jesus Christus der Welt offenbart hat, bewegt sich christliche Existenz wie ihre Feier in der Liturgie.[10] Geht es einerseits darum, den Gottesdienst auf das eigene Leben beziehen zu können (zu „symbolisieren") – dies ist der pastorale Ansatz des Konzils –, so bedarf es doch andererseits „symbolischer Differenz" (Heribert Wahl)[11]: Es sind die vielen fremden Gotteserfahrungen, die die Kirche als normativ deklariert hat und die lebensverändernde Kraft haben. Erst in diesem Spannungsfeld von menschlichen Suchbewegungen und göttlicher Offenbarung, anders gesagt, von Anabase und Katabase, kann verhindert werden, dass Gemeinden oder Priester nur noch sich selber feiern.

Doch darf die Diagnose mancher Zerrformen – oft geboren

aus dem Subjektivismus als dem einen Extrem – nicht zu einer falschen Schlussfolgerung führen, nämlich – im anderen Extrem – der völligen Monopolisierung des Objektiven. Der nur objektiv gedachte Kult bedarf dann nämlich keiner Veränderung, keiner Reflexion mehr. Hier spielen der Mensch und seine Geschichte letztlich keine Rolle mehr, hier wird auch das verändernde Wort Gottes nicht mehr verkündet. Es muss kritisch gefragt werden, ob es nicht ein unhaltbarer Anachronismus ist, wenn bei der Verwendung des Missale von 1962 manche der Lesungstexte lateinisch „versus orientem" vollzogen, aber nicht in der Landessprache den versammelten Menschen verkündet werden. Die anwesenden Gläubigen aber müssen dann, sozusagen als Ersatz, das nachlesen, was der Priester still vollzieht. Vielleicht erklärt sich von diesem Unbehagen her das Kautel Papst Benedikts, auch bei der Verwendung des Missale von 1962 könnten die Lesungen in der Landessprache vollzogen werden. Wenn dies so ist, geschieht zwischen den Zeilen eine deutliche Veränderung des Paradigmas des „alten Ritus". Es ist dann die Frage, ob der Papst nicht im Grunde unter der Hand jenes Paradigma in das Missale von 1962 einführt, das vom Konzil als grundsätzlich liturgiebestimmend angesehen wurde und hinter das es eigentlich kein Zurück mehr geben kann: die „tätige, volle und aktive Teilnahme" aller Gläubigen. Damit ist eine Liturgieform gemeint, die zwischen objektiver Vorgabe und subjektivem Erleben zu vermitteln sucht, indem die versammelte Gemeinde in den rituellen Vollzug eingebunden wird. Eine solche „vermittelnde" Position scheint der Papst im Blick zu haben, wenn er eher auf Veränderung pochenden Kreisen den Mysteriencharakter der liturgischen Tradition als Maßstab vorgibt, eher traditionell eingestellte Menschen und Gruppen an das bindet, was für die Kirche überlebensnotwendig ist: die Treue zu einem rechtmäßigen und allgemeinen Konzil mitsamt seiner Liturgiereform, die also keinesfalls abgeschafft, sondern lediglich modifiziert werden soll.

3. Liebe zur Tradition oder Leugnung menschlicher Geschichtlichkeit?

Papst Benedikt räumt in seinem Begleitbrief zum Motu proprio ein, das Stehen der Lefebvre-Bewegung zum alten Ritus sei lediglich äußeres Kennzeichen, „die Gründe für die sich hier anbahnende Spaltung reichten freilich viel tiefer."[12] Demnach kann die Liturgie zur bloßen Symptomebene verkommen. Es geht dann um grundsätzliche Einstellungen zu Welt, zum Glauben und zur Geschichte. Wie ist dies zu verstehen? Romano Guardini hat in einer viel zitierten Anfrage zu Beginn der 60er-Jahre des 20. Jahrhunderts sowohl thematisiert, ob der Mensch des industriellen Zeitalters überhaupt noch *liturgiefähig* sei, als auch problematisiert, ob die Liturgie in ihrer gewachsenen antiken, mittelalterlichen oder barocken Gestalt noch *menschenfähig* sei.[13] Seine damals angedeutete Lösung des Problems verblüfft: Die Spannung zwischen den „heiligen Geheimnissen" einerseits und den sich verändernden Lebensbedingungen der Menschen andererseits darf nicht aufgelöst werden, sondern ist als notwendig zu installieren. Die ambivalente Spannung ist also zu halten, nicht aufzugeben, denn sonst besteht die Gefahr, in die Nähe fundamentalistischer Positionen zu geraten. Dann wird die Wirklichkeit nicht mehr als ganze wahrgenommen, sondern es entsteht ein gespaltenes Weltbild.[14] Die Welt wird in Gut und Böse, in Freund und Feind, in Wahrheit oder Lüge eingeteilt. Im Kontext der Diskussion um „alte" oder „neue" Liturgie kann es also nicht darum gehen, entweder ausschließlich das überzeitliche Mysterium oder nur die menschliche Wirklichkeit zu betonen, sondern einen dritten, vermittelnden Weg zu beschreiten: Die Feier der Mysterien *verbindet* die göttliche Transzendenz mit der menschlichen Wirklichkeit und schafft jene einzigartige sakramentliche Gegenwart des Gekreuzigt-Auferstandenen angesichts der Realität dieser Welt. Hier wird eine spannungsreiche polare Bezogenheit aufgebaut, die Mensch und Welt einerseits, Glaube und Transzendenz Gottes andererseits verbindet. Das besondere Christliche besteht gerade darin, die Transzendenz Gottes mittels ihrer Spuren im Kontext dieser Welt wahrzunehmen, eine Bewegung, die ihren heilsgeschichtlichen Höhepunkt in der Menschwerdung Gottes in Jesus Christus findet. Dementsprechend vermittelt die Liturgie gerade „unvermischt und ungetrennt" Menschliches und Göttliches und dies in einem besonderen Raum, nämlich dem Raum des Mysteriums, der weder die offene Zukunft des Menschen, auch in Bezug auf seine gesellschaftlichen Bedingungen, noch die von Gott gewirkte ewige Vollendung aus dem Blick verliert. Damit ist die Frage nach Rang und Bedeutung der Geschichte dieser Welt wie der persönlichen Lebensgeschichte gestellt, die es im Licht des Glaubens immer neu zu deuten gilt. Ein zu voreiliges und verabsolutiertes Verweisen auf ewig gültige Wahrheiten läuft dabei Gefahr, sich dieser mühevollen Aufgabe ebenso zu versagen wie ein Aufgehen in gesellschaftlichen Realitäten, das das Fremde Gottes verleugnet. Das Christentum jedenfalls stellt sich der Aufgabe, die Weltgeschichte immer neu als Heilsgeschichte zu lesen, anders gesagt, in der sich verändernden Geschichte die Spuren des ewigen Gottes aufzudecken.[15] Mit dieser Weichenstellung gewinnt die Wiederzulassung der „alten" Messe nochmals eine andere Dimension: Meldet sich hier bei vielen Menschen die Liebe zur Tradition, vielleicht gespeist durch Erinnerungen an die Kindheit, so ist dem unbedingt Rechnung zu tragen, der Ruf nach der „alten" Liturgie zu unterstützen. Anders wird man verfahren, wenn die alte Liturgie zum Symptom einer Leugnung der Geschichtlichkeit wie der Brüchigkeit menschlicher Existenz wird.

4. Archaische Religiosität in spätmittelalterlicher Ausprägung?

Es ist besonders dem Münsteraner Kirchenhistoriker Arnold Angenendt zu verdanken, auf die prägende Bedeutung des Frühmittelalters hingewiesen zu haben.[16] Für die Liturgie haben die damaligen kulturellen Umwälzungsprozesse mannigfache Folgen. Nicht mehr die in hierarchischer Struktur versammelte Gemeinde ist Anlass der Feier, ihre gemeindliche Form nicht mehr Paradigma der Eucharistie. Andere Größen prägen die Liturgie und bilden den Anlass zur Feier der Eucharistie: die Bedeutung des Märtyrergrabes als einem Heiligen Ort, vom Klerus übernommene Gebetsverpflichtungen und Bußleistungen, die nun stellvertretend für das gläubige Volk vollzogen werden. Damit aber ändert sich die Rolle des Priesters: Er ist der mit reinen Händen stellvertretend Opfernde, ja wird zum „Mittler" zwischen Gott und den Menschen. Die archaischen Muster des recht vollzogenen Kultes sowie der reinen Hände des Kultdieners, die für die frühe Christenheit keine Rolle spielten, kehren nun wieder ins Christentum zurück. Es wundert vor diesem Hintergrund nicht, dass die konkrete Präsenz der Gemeinde bei der Eucharistiefeier zunehmend unbedeutend wird. Hier aber begegnet das Paradigma, das die vorkonziliare Messe prägt. Es ist die „Missa solitaria" des Priesters: Seine Rolle ist das eigentlich Entscheidende, sein Beten der liturgischen Texte ist zur Gültigkeit der Messe erforderlich. Deshalb lebt selbst das feierliche „levitierte Hochamt" alter Prägung von mehreren nebeneinander laufenden Ebenen: Der Subdiakon singt die Epistel, die aber vom Priester nochmals eigens zu beten ist. Wie sehr das alte Paradigma der „Missa solitaria" das Motu proprio prägt, wird anhand der Bestimmungen zur Privatmesse deutlich. In Deutschland, wo man hier und dort kaum mehr die tägliche, mancherorts sogar nicht mehr die sonntägliche Eucharistiefeier gewährleisten kann, mutet es merkwürdig an, wenn das Motu proprio im zweiten Artikel erst einmal die Messe ohne Volk regelt, bevor man sich der im erneuerten Missale als Grundform hingestellten Gemeindemesse widmet.

Es wurde bereits die Frage gestellt, inwieweit das Postulat voller, bewusster und tätiger Teilnahme für die wieder zugelassene Messe gelten kann. Es war ja schon das große Anliegen der Liturgischen Bewegung, neu und aktiv zur liturgischen Tradition vorzustoßen. Es ist nun interessant, dass Benedikt die Liturgische Bewegung lediglich in ein neues Verständnis der Tradition münden lässt, die sich daraus ergebenden Reformen hin zu einem neuen Paradigma des Missale von 1970 aber außen vor lässt. Doch kann man die Bemühungen der Liturgischen Bewegung wirklich da enden lassen, wo, wie angemerkt, die Rolle des Priesters die theologisch entscheidende ist? Jenseits einer ritualisierten Feierlichkeit geht es hier um die Frage nach der theologischen Valenz der unterschiedlichen liturgischen Rollen. Das Konzil hatte erklärt: „Gegenwärtig ist er in seinem Wort, da er selbst spricht, wenn die heiligen Schriften in der Kirche gelesen werden."[17] Spricht also wirklich Christus, wenn bei der Eucharistiefeier ein Lektor oder eine Lektorin die Lesung vorträgt, oder zählt dies erst, wenn der Priester selbst die Lesung leise und lateinisch vollzieht? Und wenn der Priester nach dem alten Missale doch alle Rollen letztlich selber vollzieht, muss geprüft werden, wie mit jener Konzilsaussage umzugehen ist: „Bei den liturgischen Feiern soll jeder, sei er Liturge oder Gläubiger, in der Ausübung seiner Aufgabe nur das und all das tun, was ihm aus der Natur der Sache und gemäß den liturgischen Regeln zukommt."[18] Von dieser

Neubesinnung des Konzils her wäre kritisch anzufragen, ob man den rituellen Reichtum mitsamt dem zu Grunde liegenden Paradigma der alten Messe wirklich beibehalten will. Theologie- und liturgiegeschichtlich ist also auf die Zeitbedingtheit der so genannten Tridentinischen Messe hinzuweisen. Die benannten Entwicklungen können als großer Reichtum der Theologiegeschichte angesehen werden, dürfen indes nicht zum alleinigen Signum des Christlichen oder Katholischen gemacht werden, sondern sind immer wieder „religionskritisch" zu hinterfragen.

5. Heile oder gebrochene Überlieferung?

Nochmals: Wie wird es denn konkret aussehen, wenn im alten Ritus die Lesungen in der Landessprache vorgetragen werden? Betet der Priester – zwecks Gültigkeit und gemäß mittelalterlichem Paradigma – trotzdem die lateinische Version derselben Texte still? Wenn nun nach der Weisung des Papstes neue Präfationen ins Missale von 1962 aufgenommen werden, warum dann nicht auch manche neuen Messformulare, gar die neuen Eucharistiegebete? Und wäre man dann nicht im Handumdrehen bei jenem „neuen" Missale Romanum in seiner dritten Auflage von 2002, das, zur Gänze in lateinischer Sprache gehalten, viele älteste liturgische Texte der Kirche birgt, passend zum Gregorianischen Choral und begleitet von viel Weihrauch verwendet werden kann? Den Maßstab für den Gottesdienst bildeten bei der letzten Reform, übrigens wie schon beim Trienter Konzil, die älteren liturgischen Zustände, wie sie etwa in den alten Sakramentarien festgeschrieben sind, nicht deren hoch- und spätmittelalterliche Überformung.

„Die Konzilskommission nahm zur Grundlage für die Verbesserung des Textes den Zusatz, den Kardinal Bea in seiner Kritik vorgelegt hatte: es soll größere Einfachheit erstrebt werden, ‚indem weggelassen wird, was im Lauf der Geschichte verdoppelt oder eingefügt worden ist, oder was heute nicht mehr verstanden wird‘, und fügte das positive Element der Wiederherstellung verloren gegangenen Gutes hinzu, und zwar dies in Berufung auf das von Pius V. für seine damalige Reform in Anspruch genommene Ideal: ad pristinam sanctorum patrum normam ac ritum. Dieses Ideal hatte damals mangels historischer Vorarbeiten unmöglich erreicht werden können. Es konnte auch heute nicht schlechthin, mit einfacher Überspringung der dazwischen liegenden Jahrhunderte, als Ziel verkündet werden. Gedacht war mit dieser doppelten Norm im wesentlichen an die Freilegung jener Gestalt der Messe, die sie in den römischen Sakramentarien und (ältesten) Ordines aufwies, in der sie noch, vor ihrer Klerikalisierung im Raum der nördlichen Länder, ein echter Gemeinschaftsgottesdienst gewesen war“[19], so urteilt Josef Andreas Jungmann. Von hierher stellt sich die Frage, warum man nun zu jenem sich spätmittelalterlicher Praxis und ihren Kontingenzen verdankenden Trienter Missale zurückwill.

Dies führt zu der Grundfrage an das Motu proprio, für die ich bisher keine Antwort gefunden habe: Welches ist letztendlich das Kriterium für die liturgische Tradition, ihre Verwendung wie Veränderung? Bereits Pius V. bemühte die „altehrwürdige Norm der Väter“ als Leitlinie des Missale von 1570.[20] Auf Grund des liturgiegeschichtlichen Wissens der damaligen Zeit aber kodifizierte man bereinigte spätmittelalterliche Liturgie.[21] Warum dann aber das Missale Trients und nicht die vielen Missalien oder Sakramentare diözesaner Lokaltraditionen, die zum Teil erheblich ältere (und genuin römische) Zustände überliefern, in Bezug auf das deutsche Sprachgebiet erst im 19. Jahrhundert verloren gingen? Was ist mit den Texten des Missale, die bei der letzten Reform zu Recht geändert wurden, weil sie geändert werden mussten? Um ein Beispiel zu verwenden: Die alte Apostelpräfation war kein lobpreisendes Gebet, sondern Bitte. Die letzte Liturgiereform hat hier rechtens eingegriffen und aus dem Bittgebet wieder ein der Gattung der Präfationen angemessenes Lobgebet geschaffen. Sie wollte gerade den gesamten Reichtum der liturgischen Tradition der Kirche – nicht nur seine mittelalterliche Verengung – bewahren. Ob dies immer gelungen ist, kann kontrovers diskutiert werden. Aber geht es so einfach, mit einer rein auf den Priester zugeschnittenen Liturgieform das Postulat der „tätigen Teilnahme" einzuholen – oder gibt man dieses Postulat, gegen die Weisung des Konzils, dann im Grunde doch wieder auf? Gemäß des alten Axioms „Lex orandi – Lex credendi" kann es wirklich nicht gleichgültig sein, welche Form von Liturgie vollzogen, welche liturgischen Texte gesprochen werden. Als Beispiel diene nur die Karfreitagsfürbitte für die Juden, deren vorkonziliare Fassung auch in der revidierten Version andere theologische Akzente setzt als die nachkonziliare.[22] Es mag dann durchaus zutreffen, dass der Papst den Streit um „alte" oder „neue" Messe verändert, indem er beide als „zweifachen Usus ein und desselben Ritus" deklariert. Doch trifft dies auch auf die dem Beten zu Grunde liegende Theologie zu? Betrachtet man – um ein weiteres Beispiel zu bemühen – die Tagesoration am Fest des hl. Albertus Magnus als Gesetz des Glaubens, führt sie sogleich in deutliche Positionierungen der Theologie angesichts der profanen Wissenschaften. Denn das Gebet in seiner nachkonziliaren Fassung preist den heiligen Albert deshalb, weil ihn Gott in Stand gesetzt habe, menschliche Weisheit und Gottesglauben *zusammenzubringen*, zu einem neuen Ganzen zu „komponieren": Deus, qui beatum Albertum episcopum in humana sapientia cum divina fide componenda magnum effecisti, da nobis, quaesumus, ita eius magisterii inhaerere doctrinis, ut per scientiarum progressus ad profundiorem tui cognitionem et amorem perveniamus.[23]

Mit dem in der neuen Fassung zentralen *componere* ist der

Weg zum symbolischen Denken gewiesen: Die Kunst besteht darin, zwei Pole zusammenzufügen, ohne ihre Verschiedenheit zu leugnen. Die theologische Sinnspitze, Albert hätte Glaube und Wissen „zusammengesetzt", wird umso markanter, wenn man einen Vergleich mit der vorkonziliaren Fassung derselben Oration bemüht. In der vorkonziliaren Praxis und nach dem Missale von 1962 pries bzw. preist man Albert, weil Gott ihn ermächtigt habe, menschliches Wissen dem Glauben *unterzuordnen*: Deus, qui beatum Albertum Pontificem tuum atque Doctorem in humana sapientia divinae fidei subicienda magnum effecisti: da nobis, quaesumus; ita eius magisterii inhaerere vestigiis, ut luce perfecta fruamur in caelis.[24]

Das Beispiel zeigt, dass es bei der bedingten Wiederzulassung des Missale Romanum in der Fassung von 1962 keinesfalls nur um die Frage nach dieser oder jener rituellen Tradition geht, sondern jeweils um gewichtige theologische Akzentsetzungen, im zitierten Fall um die spannende Frage, inwiefern menschliche Weisheit auch etwa im Sinne einer Fremdprophetie genutzt werden könne, dergestalt, dass Theologie und Kirche provoziert werden, „ihre schuldhafte Verblendung allem Neuen gegenüber aufgrund ihrer unkritischen Identifikation mit dem Alten aufzubrechen und sich dorthin zu bekehren, wohin ihre eigene Sache inzwischen ausgewandert und zum Teil gegen sie aufgestanden sei"[25].

„In der Liturgiegeschichte gibt es Wachstum und Fortschritt, aber keinen Bruch."[26], so programmatisch der Papst in seinem Begleitschreiben. Was aber ist mit dem in der Geschichte Verlorenen? Was ist mit der für die Kirche je neu notwendigen Bekehrung? Genügt hier ein Modell organischer Liturgieentwicklung, auch im Hinblick auf die vielen Liturgiereformen der Kirchengeschichte?[27] Man denke etwa an den Kreuzestod Jesu selbst, der zur Krisis jedweder bis dahin vollzogener religiöser Handlung wird, zu manchem

Bruch führt, indes ohne dass Motive der Religionsgeschichte gänzlich verleugnet werden müssten.[28] Man denke nur an die Romanisierung der Liturgie seit dem frühen Mittelalter, die die meisten Zeugnisse der bis dahin bestehenden Liturgie gründlich tilgte. Aber angenommen, man könnte auch für die letzte Liturgiereform Bruchlosigkeit reklamieren, warum dann neben dem erneuerte Missale die Form des Gottesdienstes *vor* der Erneuerung? Und warum nun als außerordentliche Form der Messe eine Grundform, die mittelalterlich ist, mit all den Konsequenzen, die das etwa auch für die Frömmigkeit und das Priesterbild hat? Fast denkt man an die Wiederkehr der vom letzten Konzil verdrängten Epoche, das Mittelalter. Doch ist das das passende Signal für eine Kirche im 21. Jahrhundert?

Damit stellt sich die entscheidende Frage, wie viel Kontinuität und wie viel (auch leidvoll bruchhafte) Veränderung sich die Kirche zumuten darf. Hansjürgen Verweyen hat auf den vierfachen Sinn von Tradition aufmerksam gemacht. *Traditio* ist zunächst die Auslieferung eines Menschen an die Gewalt durch Menschen, dann in Bezug auf den christlichen Glauben die Auslieferung des Sohnes durch Gott den Vater, die Selbsthingabe Jesu Christi für alle wie schließlich die vermittelte Weitergabe des damaligen Heilsgeschehens durch die Geschichte.[29] Damit sind ein anthropologischer (von der Auslieferung bis zur Traditionsbildung) und ein theologischer Gehalt (das Pascha-Mysterium) festgeschrieben, der den Verrat, den Bruch in der Weitergabe, ebenso umfasst wie Gottes Heilshandeln an dieser Welt und ihrer Geschichte. „Wir stehen *auf der Seite der Vergangenheit*, um zu unterscheiden, was heute zu unserer Identität gehört, und wir stehen *auf der Seite unserer Zeitgenossen*, um diese Ursprünge zu beurteilen. (…) Diese Anfangsfrage stellt sich nicht von außen: sie wohnt uns inne"[30].

Die Weitergabe der Tradition in einem lebendigen Prozess

erweist sich also als spannungsreiches, keineswegs abge-
rundetes Phänomen. Eine christliche liturgische Praxis ist
die, die die Menschen zum Pascha-Mysterium hinführt und
so Gott die Ehre gibt. Sie wird notwendig auf die anderen
Grundfunktionen der Kirche (Diakonia, Martyria, Koinonia)
Bezug nehmen. Von hierher gilt es, liturgische Praxis immer wieder neu zu hinterfragen, ob sie im Sinne lebendiger
Tradition das Eigentliche des Christentums als „öffentlichen
Kult" feiert. Arnold Angenendt hat die letzte Liturgiereform
dahingehend kritisiert, sie sei „unter Absehung aller Religionsgeschichte gemacht worden"[31]. Die Religionsgeschichte
weiß um die Notwendigkeit, dass sich Riten auch verän-
dern, wollen sie adäquater Ausdruck geteilten Lebens und
Glaubens bleiben. Sie weiß aber auch um die unverzichtbare
Grundhaltung der Ehrfurcht vor dem gewachsenen Ritual.

6. Ausblick

Angelus Häussling hat auf die seinerzeitige mangelnde und
schleppende Rezeption der Beschlüsse des Trienter Konzils
hingewiesen und zur heutigen Situation folgende Parallele
gezogen: „Man stelle sich den unermesslichen Schaden für
eine katholische Kirche vor, wenn im Jahre 2308 ein Papst –
vielleicht: Johannes Paul VIII. – zu verfügen gezwungen
sein sollte, es müsse endlich das Zweite Vatikanische Konzil
in Geltung kommen. So ganz realitätsfern ist eine solche
Vorstellung nicht. Das Konzil von Trient zeigt jedenfalls,
daß die Rezeption von Konzilien selektiv sein kann – zum
Schaden der Kirche"[32].

Die Ausführungen wollten einige Aspekte aufzeigen,
bei denen die Treue zum Zweiten Vatikanischen Konzil
und die Verwendung des Messbuchs von 1962 zumindest
in Spannung geraten. Die Liturgiereform Benedikt XVI. ist
eine – sicherlich nicht allen genehme – Modifizierung und

Veränderung der Liturgiereform des letzten Konzils. Über ihre Auswirkungen zu spekulieren, ist zu früh. Aber man wird abzuwarten haben, ob der Wunsch des Papstes Früchte trägt: dass der Gottesdienst der Kirche wieder zum Eigentlichen hinführt, zum Geheimnis des lebendigen Gottes Jesu Christi. Wenn die Liturgie bislang Symptomebene für unterschiedliche Kirchen-, Welt- und Menschenbilder war, so kann man sich nun nicht mehr hinter Ritenfragen verschanzen. Die theologische Diskussion wird an den Punkten weiterzuarbeiten haben, an denen es nötig ist: Der Glaube selbst ist gefragt. Und die Liturgie, nach welcher Art des Ritus sie auch immer gefeiert wird, bedarf neuer geistlicher Einübung und Vertiefung. Dies ist der grundlegende Auftrag des Motu proprio. Ob die Saat, die Benedikt gesät hat, aufgeht, wird die Zukunft zu zeigen haben.

Anmerkungen

[1] R. Guardini, *Vom Geist der Liturgie*, Mainz-Paderborn [20]1997, 61.

[2] Vgl. hier etwa A. Odenthal, *„Haeresie der Formlosigkeit" durch ein „Konzil der Buchhalter"? Überlegungen zur Kritik an der Liturgiereform nach 40 Jahren „Sacrosanctum Concilium"*, in: LJ 53 (2003) 242–257.

[3] Zu diesen und den im Folgenden zitierten Artikeln der Liturgiekonstitution vgl. R. Kaczynski, *Theologischer Kommentar zur Konstitution über die heilige Liturgie Sacrosanctum Concilium*, in: P. Hünermann – B.J. Hilberath (Hg.), *Herders Theologischer Kommentar zum Zweiten Vatikanischen Konzil*. Band 2, Freiburg-Basel-Wien 2004, 1–227.

[4] Es fällt auf, dass in vielen traditionalistischen Stellungnahmen missbräuchlich gefeierte heutige Liturgie mit würdig gefeierter alter Liturgie verglichen wird. Damit wird zugleich unterschlagen, wie viel missbräuchliche vorkonziliare Liturgie es gab (was zur Reform drängte) und wie viel würdig zelebrierte nachkonziliare Liturgie die Kirche bereithält, etwa in den päpstlichen Gottesdiensten.

[5] SC 34.

[6] Zum Axiom vgl. M. Seckler, *Die Communio-Ekklesiologie, die theologische Methode und die Loci-theologici-Lehre Melchior Canos*, in: ThQ 187 (2007) 1–20. Seckler weist darauf hin, dass die Liturgie „heute oft als ein von Cano vergessener locus theologicus angesehen wird" (ebd. 12), im Grunde aber in allen loci theologici proprii enthalten sei.

[7] Vgl. J. Wohlmuth, *Jesu Weg – unser Weg. Kleine mystagogische Christologie*, Würzburg 1992, 15.

[8] Ebd. 129.

[9] Vgl. hierzu etwa E. Schillebeeckx, *Hin zu einer Wiederentdeckung der christlichen Sakramente. Ritualisierung religiöser Momente im alltäglichen Leben*, in: A. Holderegger – J.-P. Wils (Hg.), *Interdisziplinäre Ethik. Grundlagen, Methoden, Bereiche.* FS D. Mieth (SthE 89), Freiburg/Schweiz 2001, 309–339.

[10] An dieser Stelle ist die Unterscheidung von Religiosität und Christianität einzuführen (Vgl. G. Bitter, *Religiosität und Christianität. Religionspädagogische Überlegungen zu ihrem wechselseitigen Verhältnis*, in: H. Kochanek Hg., *Religion und Glaube in der Postmoderne* [VMStA 46], Nettetal 1996, 129–149.). Meint Religiosität ein eher allgemeines Bedürfnis, wird dies bei der Christianität hin auf die Person Jesu Christi und den Glauben der Kirche spezifiziert. Damit aber ist das Christentum, so sehr es einerseits „Religion" ist, andererseits notwendig religionskritisch.

[11] Vgl. H. Wahl, *Glaube und symbolische Erfahrung. Eine praktisch-theologische Symboltheorie*, Freiburg–Basel–Wien 1994: z.B. 16.

[12] *Brief des Heiligen Vaters Papst Benedikt XVI. an die Bischöfe anlässlich der Publikation des Apostolischen Schreibens Motu proprio Summorum Pontificum über die römische Liturgie in ihrer Gestalt vor der 1970 durchgeführten Reform*, in: Sekretariat der Deutschen Bischofskonferenz (Hg.), Papst Benedikt XVI., Apostolisches Schreiben Summorum Pontificum. Brief des Heiligen Vaters an die Bischöfe anlässlich der Publikation. 7. Juli 2007 (VApS 178), Bonn 2007, 21–27: 22, in diesem Band 19–25:20.

[13] Vgl. R. Guardini, *Der Kultakt und die gegenwärtige Aufgabe der Liturgischen Bildung. Ein Brief*, in: LJ 14 (1964) 101–106: 106.

[14] Vgl. die Untersuchung solcher Spaltungsphänomene bei D. Funke, *Das halbierte Selbst. Psychische Aspekte des Fundamentalismus*, in: H. Kochanek, *Die verdrängte Freiheit. Fundamentalismus in den Kirchen*, Freiburg-Basel-Wien 1991, 83–93.

[15] Vgl. hier den programmatischen Titel von E. Schillebeeckx, *Menschen. Die Geschichte von Gott*, Freiburg-Basel-Wien 1990.

[16] Vgl. A. Angenendt, *Liturgie im Mittelalter. Ausgewählte Aufsätze zum 70. Geburtstag*, hg. von T. Flammer und D. Meyer (Ästhetik – Theologie – Liturgik 35), Münster ²2005; vgl. auch den Beitrag von A. Angenendt in diesem Band.

[17] SC 7.

[18] SC 28.

[19] J. A. Jungmann, *Konstitution über die heilige Liturgie. Einleitung und Kommentar*, in: LThK. Das Zweite Vatikanische Konzil 1. Freiburg ²1966, 9–109: 53f.

[20] Zur Problematik dieser Norm vgl. A. A. Häussling, *Liturgiereform. Materialien zu einem neuen Thema der Liturgiewissenschaft*, in:

Ders., *Christliche Identität aus der Liturgie. Theologische und historische Studien zum Gottesdienst der Kirche*, hg. von M. Klöckener – B. Kranemann – M. B. Merz (LQF 79), Münster 1997, 11–45: 19–23.

[21] „Was die Meßordnung betraf, hielt man sich faktisch an den Ordo Missae des päpstlichen Zeremonienmeisters Johannes Burkhard von Straßburg (um 1450–1506)", so urteilt W. Haunerland, *Einheitlichkeit als Weg der Erneuerung. Das Konzil von Trient und die nachtridentinische Reform der Liturgie*, in: M. Klöckener – B. Kranemann (Hg.), *Liturgiereformen. Historische Studien zu einem bleibenden Grundzug des christlichen Gottesdienstes. Teil I: Biblische Modelle und Liturgiereformen von der Frühzeit bis zur Aufklärung* (LQF 88/I), Münster 2002, 436–465: 447.

[22] Vgl. in diesem Band S. 167–171; ferner H. Wolf, *Liturgischer Antisemitismus? Die Karfreitagsfürbitte für die Juden und die Römische Kurie (1928 – 1975)*, in: F. Schuller – G. Veltri – H. Wolf (Hg.), *Katholizismus und Judentum. Gemeinsamkeiten und Verwerfungen vom 16. bis zum 20. Jahrhundert*, Regensburg 2005, 253–269; vgl. insgesamt N. Lamdan – A. Melloni (Hg.), *Nostra Aetate. Origins, Promulgation, Impact on Jewish-Catholic Relations. Proceedings of the International Conference, Jerusalem, 30 October – 1 November 2005* (Christianity and History 5), Berlin 2007.

[23] *Missale Romanum ex decreto Sacrosancti Œcumenici Concilii Vaticani II instauratum auctoritate Pauli PP. VI promulgatum Ioannis Pauli PP. II cura recognitum. Editio typica tertia*, Città del Vaticano 2002, 868.

[24] Vgl. M. Merz – A. A. Häussling, *Eine „neue" Oration im nachkonziliaren Missale Romanum. Zur Oratio super oblata vom 32. Sonntag im Jahreskreis, zugleich ein Beitrag zur Verehrungsgeschichte des hl. Albertus Magnus*, in: ALW 23 (1981) 183–187: 184.

[25] N. Mette, Art. *Fremdprophetie*, in: LThK 4 (³1995) Sp. 127f: 128 (Abkürzungen ausgeschrieben).

[26] Brief 25.

[27] Vgl. zum Problem A. Angenendt, *Liturgik und Historik. Gab es eine organische Liturgie-Entwicklung?* (QD 189), Freiburg–Basel–Wien 2001.

[28] „Es gibt die einmalige Neuheit des Christlichen, und doch stößt es das Suchen der Religionsgeschichte nicht von sich ab, sondern nimmt alle bestehenden Motive der Weltreligionen in sich auf und bleibt auf solche Weise mit ihnen verbunden", in: J. Ratzinger, *Der Geist der Liturgie. Eine Einführung*, Freiburg-Basel-Wien 2000, 29.

[29] Vgl. hierzu T. Fößel, *Gott – Begriff und Geheimnis. Hansjürgen Verweyens Fundamentaltheologie und die ihr inhärente Kritik an der Philosophie und Theologie Karl Rahners* (IThS 70), Innsbruck–Wien 2004, 41–77.

[30] M. de Certeau, *La Faiblesse de croire*, hier in der Übersetzung von S. Lüttich, *Nacht-Erfahrung. Theologische Dimensionen einer Metapher* (Studien zur systematischen und spirituellen Theologie 42), Würzburg 2004, 301.

[31] A. Angenendt, *Wie ist Liturgie zu reformieren?*, in: HlD 57 (2003) 219–224: 222.

[32] Häussling, *Liturgiereform* 21, Anm. 35.

Versuch eines Resümees

Die Liturgie ist in der römisch-katholischen Kirche zur Chefsache geworden. Stärker als sein Vorgänger prägt Papst Benedikt XVI. der liturgischen Arbeit der vatikanischen Behörden seinen persönlichen Stempel auf. In gewisser Weise knüpft er mit dem Motu proprio „Summorum Pontificum" an Papst Pius X. an, der gut ein Jahrhundert zuvor (1903) mit seinem Motu proprio „Inter sollicitudines" (Tra le sollecitudini) zur Kirchenmusik nicht nur für die Reform der Kirchenmusik, sondern der Liturgie der Kirche insgesamt entscheidende Impulse gegeben hatte, die weit in das Jahrhundert hinein wirkten und eine der Voraussetzungen für die Liturgiereform in der zweiten Jahrhunderthälfte bildeten.[1] Es ist durchaus damit zu rechnen, dass das Motu proprio von 2007 ebenfalls eine Langzeitwirkung haben wird. Dass man das Thema in Rom keineswegs ad acta gelegt hat, zeigen fortwährende Stellungnahmen, z.B. die Meldung von kath.net mit dem Datum vom 2. Januar 2008: „Der Vatikan wird demnächst ein Folgedokument zum Schreiben „Summorum Pontificum" veröffentlichen. Das kündigte Kardinalstaatssekretär Tarcisio Bertone in einem Interview mit der italienischen Wochenzeitschrift ‚Famiglia Cristiana' an. Die Päpstliche Kommission ‚Ecclesia Dei' werde im neuen Dokument die Kriterien zur Anwendung des Motu Proprio zur Alten Messe klarstellen, so Bertone. Das Folgedokument sei notwendig, weil es nach der Veröffentlichung des Motu Proprio ‚Summorum Pontificum' einige Unklarheiten gegeben habe, sagte Bertone. So sei etwa die Behauptung falsch,

Papst Benedikt XVI. wolle die nachkonziliare Messordnung abschaffen und die außerordentliche Form des Römischen Ritus als einzig gültigen Ritus erlauben."[2]

Solche Gerüchte scheinen allerdings nicht völlig aus der Luft gegriffen. Am 23. Juni 2003 schrieb der damalige Präfekt der Glaubenskongregation, Joseph Kardinal Ratzinger, an den Bonner Philologen Heinz-Lothar Barth, dass er dessen Anliegen auf erweiterte Zulassung des alten römischen Ritus teile. „Ich glaube aber, daß auf Dauer die römische Kirche doch wieder einen einzigen römischen Ritus haben muß; die Existenz von zwei offiziellen Riten ist in der Praxis für die Bischöfe und Priester nur schwer zu ‚verwalten'. Der Römische Ritus der Zukunft sollte ein einziger Ritus sein, auf Latein oder in der Landessprache gefeiert, aber vollständig in der Tradition des überlieferten Ritus stehend; er könnte einige neue Elemente aufnehmen, die sich bewährt haben, wie neue Feste, einige neue Präfationen in der Messe, eine erweiterte Leseordnung – mehr Auswahl als früher, aber nicht zu viel – eine ‚Oratio fidelium', d.h. eine festgelegte Fürbitt-Litanei nach dem Oremus vor der Opferung, wo sie früher ihren Platz hatte."[3]

Das Anliegen des engagierten Bittstellers (er kam im Frühjahr 2007 mit einem von zahlreichen Prominenten unterschriebenen Manifest, von dem sich einige aber wieder distanzierten, in die Schlagzeilen[4]) wurde von Papst Benedikt mehr als erfüllt: Die erweiterte Zulassung des älteren Stadiums der römischen Liturgie mutierte zu einer (fast) uneingeschränkten Freigabe nicht nur der Messe, sondern praktisch aller liturgischen Feierformen nach den tridentinischen Büchern.

Werden im Motu proprio selbst Vermischungen beider Stufen nicht zugelassen, so zeigt sich der Begleitbrief des Papstes an die Bischöfe konzilianter: Er räumt ungefähr die Übernahmen vom neueren in den älteren Usus ein, die bereits das Schreiben an Dr. Barth nannte. Wird damit etwa die Monopolisierung der Form eingeleitet, die „vollständig in der Tradition des älteren Ritus" steht? Diese Möglichkeit soll durch das angekündigte Folgedokument allerdings ausgeschlossen werden. Nun kann seit dem Motu proprio nicht mehr von der Existenz zweier lateinischer Riten die Rede sein, sondern nur von zwei Anwendungs- oder Ausdrucksformen (usus) des einen Ritus. Damit hat der Papst die zuvor geäußerte Forderung erfüllt, „daß auf Dauer die römische Kirche doch wieder einen einzigen römischen Ritus haben muß." Formal ist dies durch die neue Nomenklatur der Fall, aber sind zwei offizielle Ausdrucksformen desselben Ritus leichter zu „verwalten" als zwei offizielle Riten? Kann die bloße Umbenennung eines identischen Sachverhalts zur Verständigung und zum Frieden nachhaltig beitragen? Oder ist in der Äußerung von 2003 das Vorhaben einer neuen Liturgiereform zu erkennen, die mehr oder weniger auf die Restitution der älteren Form hinausliefe? Damit ginge aber die Abschaffung der vatikanischen Liturgiebücher einher, was wiederum im Gegensatz stünde zu der Überzeugung des Papstes, dass man einen legitim eingeführten Ritus nicht abschaffen könne.

Vergleicht man die vorliegenden Schreiben mit gelegentlichen früheren Äußerungen des Papstes und einigen im Vorfeld artikulierten Befürchtungen[5], so sind folgende Punkte, die in verschiedenen Beiträgen dieses Bandes bereits angesprochen wurden, noch einmal hervorzuheben[6]:

1. Anders, als von manchen erwartet, spricht der Papst nicht mehr von zwei lateinischen Riten der katholischen Kirche (neben dem orientalischen Zweig), sondern nur von einem Ritus in zwei Usus, einem ordentlichen und einem außerordentlichen. Mit dieser Zuordnung soll der Befürchtung entgegnet werden, eine völlige Gleichstellung im Sinne zweier unterschiedener Riten könne einer Glaubensspaltung

Vorschub leisten. Beide Stufen sind, so der Papst, gleichermaßen Ausdruck des einen Glaubens der Kirche.

2. Verhindert werden soll damit auch der Eindruck, die Aufwertung des alten Ritus geschehe auf Grund von dogmatischen Unzulänglichkeiten des neuen. Freilich wird nicht gesagt, worin der Unterschied zwischen den beiden Stufen des Ritus besteht, der ja die Voraussetzung für die getroffene Neuregelung ist. Vermieden werden soll auch die Vorstellung, der neuere Ritus sei etwas ganz anderes als die gesamte ältere Tradition.

3. Dies wird gestützt durch die von demselben Autor schon früher geäußerte Auffassung eines organischen Wachstums der Liturgie, zu dem im Motu proprio jetzt auch die jüngste Stufe gerechnet wird. Das Messbuch von 1970 ist demnach also keine Neukonstruktion aus den Trümmern des vorherigen, ein „Neubau gegen die gewachsene Geschichte", wie Kardinal Ratzinger zehn Jahre zuvor geschrieben hatte.[7]

4. Leitmotiv neben der Sorge um die innere Versöhnung in der Kirche ist die Sorge um einen würdigen Vollzug. Diesen sieht der Papst in der streng rubrizistisch geregelten älteren Version gewährleistet und erhofft sich von dort aus eine positive Ausstrahlung auf den Umgang mit der Forma ordinaria.

5. Damit ist nicht die Liturgiereform Papst Pauls VI. als solche, sondern der unwürdige Vollzug der Liturgie nach der neueren Fassung das Problem.

Die Motive für die Neuregelung sind also vornehmlich pastoraler Natur. Die Regelungen hinsichtlich der Verwendung der älteren Fassung der liturgischen Feiern sind freilich in manchem weiter reichend als bisher angenommen und stellen vor nicht wenige theologische und praktisch-liturgische Probleme, die in diesem Band zur Sprache kommen, aber noch weiterer eingehender Studien bedürfen, nicht nur von Seiten der Liturgiewissenschaft, sondern auch anderer Disziplinen.

Eine detaillierte kanonistische Analyse des Motu proprio wurde vom Bonner Kirchenrechtler Norbert Lüdecke vorgelegt und hätte in diesem Band abgedruckt werden sollen. Da der Beitrag auf Grund seiner unvermeidlichen Ausführlichkeit aber das Format der Reihe sprengt, erscheint er andernorts.[8]

Die in diesem Band zusammengestellten Beiträge versuchen, aus unterschiedlicher Sicht das päpstliche Dokument zu würdigen und dessen Implikationen aufzuzeigen. Dieses Spektrum soll hier noch einmal andeutungsweise in den Blick genommen werden.

Der Vorsitzende der Deutschen Bischofskonferenz betont in seiner Stellungnahme die Kontinuität beider Stufen und zugleich die bleibende Gültigkeit der „jüngeren Ausdrucksform". Der Bischof von Aachen hebt demgegenüber einige Problempunkte hervor, die sich auf Grund der neuen kirchenrechtlichen Situation ergeben, und stellt einige inhaltliche Fragen. Dazu gehört insbesondere der Widerspruch, der sich aus der Wiedereinführung der älteren Fassung der Fürbitte für die Juden ergibt in Bezug auf die Neubewertung der Berufung Israels, wie sie durch das Zweite Vatikanische Konzil (Nostra Aetate) getroffen wurde. Bischof Mussinghoff bezieht sich dabei auf die Erklärung des Gesprächskreises „Juden und Christen" des Zentralkomitees der deutschen Katholiken zu Pesach/Ostern 2007[9] und andere Stellungnahmen aus christlicher und jüdischer Sicht. Der Beitrag von Benedikt Kranemann geht ebenfalls auf die durch das Motu proprio geschaffene neue Situation ein. Das ZdK-Papier hat in der erwähnten Publikation von Heinz-Lothar Barth, „Ist die traditionelle lateinische Messe antisemitisch? Antwort auf ein Papier des Zentralkomitees der deutschen Katholiken" bereits eine polemische Entgegnung gefunden. Allein die Form dieser Replik und anderer Äußerungen erfordert eine klare Positionsbestimmung des Vatikans. Inhaltlich wird noch näher darauf einzugehen sein.[10]

Allerdings ist nicht nur die Wiedereinführung der Fürbitte für die Juden in der älteren Fassung von 1962 ein Problem; auch die anderen Bitten, insbesondere die für die anderen Christen sowie für die nicht an Christus Glaubenden, widersprechen zentralen Aussagen des Zweiten Vatikanischen Konzils und seiner Reform (vgl. den Beitrag von Benedikt Kranemann). Aus diesem Grunde erfolgte ja bereits 1965 unter Papst Paul VI. eine grundlegende Revision der Bitten, die nach weiterer Überarbeitung im Jahr 1969 in das Missale Romanum von 1970 und von dort in alle volkssprachlichen Missalien übernommen wurden. Die letzten Ausgaben des Schott-Messbuchs mit der „älteren Ausdrucksform" (z.B. von 1966) enthielten ganz selbstverständlich schon die von Papst Paul VI. revidierte Fassung.[11] Damit beinhalten diese Formulierungen seit über 40 Jahren die lex orandi der Kirche als angemessenen Ausdruck der lex credendi, wie sie in den Beschlüssen des Zweiten Vatikanischen Konzils für unsere Zeit formuliert wurde. Es ist nicht nachvollziehbar, dass das Motu proprio die Interimsfassung von 1962 festschreibt, statt das gesamte Formular der älteren Ausdrucksform durch das der neueren zu ersetzen. Damit hätte man auf überzeugende Weise demonstrieren können, dass beide Ausdrucksformen des Missale gleichermaßen Ausdruck der Kirche sind – mit der entscheidenden Ausnahme der Fürbitten, die ja paränetischer Natur und damit seit jeher stärker dem Wandel der Zeiten unterworfen sind (so ist ja auch die Bitte für den allerchristlichsten Kaiser obsolet geworden).

Führende Stimmen, u.a. aus dem deutschen Katholizismus, hatten sich dementsprechend in Rom dafür verwandt, die Formulare im oben beschriebenen Sinn auszutauschen – offenbar nicht ohne zumindest partiellen Erfolg. Vatican News veröffentlichte am 18. Januar 2008 folgende Nachricht: „Die alte Karfreitags-Fürbitte für die Juden wird neu formuliert. Das berichtet die italienische Tageszeitung ‚Il Giornale'. Die vatikanische Liturgie-Kongregation werde bald eine korrigierte Fassung des Missale von Johannes XXIII. veröffentlichen, das die von Benedikt XVI. rehabilitierte ältere Form der Messfeier regelt. In diesem Missale werde auch eine Neufassung der Fürbitte für die Juden stehen, so die Zeitung. Benedikt hat letztes Jahr die breitere Wiederzulassung des alten Ritus der Messfeier beschlossen. Dabei stützt er sich auf das Missale von 1962. Die Oberrabbiner von Israel baten den Papst nach seinem entsprechenden ‚Motu proprio', die aus ihrer Sicht unfaire Fürbitte erneut zu ändern. Schon Johannes XXIII. hatte aus ihr das Wort ‚treulos' gestrichen. (il giornale)."[12]

Am 5. Februar 2008 meldete Radio Vatikan: „Papst Benedikt XVI. hat die Karfreitagsfürbitte für die Juden im alten Messritus verändert. Statt ‚für die Bekehrung der Juden' (Pro conversione Iudaeorum) sollen die Gläubigen bei der Liturgie im außerordentlichen Ritus von 1962 ab sofort ‚für die Juden' (‚Oremus et pro Iudeis') allgemein beten. Das gab das vatikanische Staatssekretariat am Dienstag Nachmittag bekannt. Die Kirche bittet darin um ‚Erleuchtung der Juden' und das Heil ‚ganz Israels', ‚wenn die Fülle der Völker' in die Kirche eintrete. Bereits im Missale Romanum von 1962 waren die Bezeichnungen ‚treulos' (perfidus) bzw. ‚Unglaube' (perfidia) aus der Fürbitte gestrichen. Der jetzt veröffentlichte lateinische Wortlaut: Oremus et pro Iudaeis Ut Deus et Dominus noster illuminet corda eorum, ut agnoscant Iesum Christum salvatorem omnium hominum. Oremus. Flectamus genua. Levate. Omnipotens sempiterne Deus, qui vis ut omnes homines salvi fiant et ad agnitionem veritatis veniant, concede propitius, ut plenitudine gentium in Ecclesiam Tuam intrante omnis Israel salvus fiat. Per Christum Dominum nostrum. Amen. Die Übersetzung unseres Latinisten Gero P. Weishaupt: Wir wollen beten für die Juden. Dass unser Gott und Herr ihre Herzen erleuchte, damit sie Jesus Christus erkennen, den Heiland aller Menschen. Lasset uns beten. Beugen wir die Knie. Erhebet Euch. Allmächtiger ewiger Gott, der Du willst, dass alle Menschen gerettet werden und zur Erkenntnis der Wahrheit gelangen, gewähre gnädig, dass beim Eintritt der Fülle aller Völker in Deine Kirche ganz Israel gerettet wird. (oder: dass ganz Israel gerettet werde, wenn die Fülle aller Völker in Deine Kirche eintritt). Durch Christus, unseren Herrn."[13]

Die nun vollzogene und an sich begrüßenswerte Korrektur der Fassung von 1962 ist ja im Grunde längst erfolgt, nämlich bereits 1965. Die neue Version steht der von 1965 auffällig nahe, vorallem in der impliziten Bekehrungsbitte der Einleitung.[14] Der Wunsch, dass die Fürbitte für die Juden und mit ihr möglichst das gesamte Formular der Karfreitagsfürbitten der Fassung des Missale von 1970 bzw. der Editio Tertia von 1992 angeglichen werden möge, ist also nicht in Erfüllung gegangen. Ist die den Namen des ungeliebten Reformpapstes Paul VI. tragende Version den Anhängern der alten Messe nicht zumutbar, oder entspricht die Fassung im Missale Paul VI. doch nicht so ganz der heutigen Interpretation der lex orandi?

Die Spannung zwischen beiden gültigen Fassungen der Fürbitte ist nach wie vor unübersehbar: hier die offene Formulierung, dort die implizite Bekehrungsbitte. Die ersten Reaktionen jüdischer Repräsentanten fielen zwar unterschiedlich aus, lassen aber kaum einen ungehinderten Fortgang des jüdisch-christlichen Dialogs erhoffen.[15] Es drängt sich die Frage auf, ob die neue Formulierung der älteren Anwendungsform nicht sogar demnächst als Vorlage für eine Revision der offeneren Fassung im Missale Pauls VI. dienen könnte. Viel wird davon abhängen, ob die Fassung im Missale Pauls VI., der „ordentlichen Form", bestehen bleibt.

An diesem prominenten Beispiel wird die Problematik des

ganzen Unterfangens deutlich. Dessen Motiv ist, wie bereits mehrfach erwähnt, erklärtermaßen vornehmlich pastoraler Natur. Es geht um ein Entgegenkommen gegenüber denen, die sich durch eine defizitäre Praxis heutiger Liturgiefeier verletzt bzw. von der älteren Form besonders angezogen fühlen, sowie um eine Korrektur gegenwärtiger Praxis durch die Koexistenz der beiden Formen. Gewiss: Niemand wird ernsthaft bezweifeln, dass vielerorts dem Geist und Buchstaben der kirchlichen Liturgie nicht entsprochen wird, dass es für viele Katholiken oft schwer ist, einen Gottesdienstort zu finden, an dem geistlich, theologisch und ästhetisch liturgiegerecht gefeiert wird. Man darf allerdings davon ausgehen, dass bei den vatikanischen Behörden eher Berichte über missbräuchlichen Umgang eingehen als über angemessenen Gebrauch. So kann man Defiziterfahrungen, wie sie in diesem Band besonders von Robert Spaemann artikuliert werden, positive Erfahrungen mit der erneuerten Liturgie entgegensetzen, etwa im Beitrag von Enzo Bianchi, in dessen norditalienischem Kloster Bose eine vorbildliche Liturgie nach dem neueren Usus gefeiert wird. Weder das Latein, noch die Vielfalt der liturgischen Farben, noch die Gebetsorientierung, noch der Weihrauch, noch die traditionellen Andachtsformen sind abgeschafft oder gar verboten, und da, wo sie in Vergessenheit geraten waren, hat inzwischen oft eine Rückbesinnung eingesetzt.

In der in den Medien außerordentlich breit dokumentierten Diskussion über das Motu proprio wurden wissentlich oder unwissentlich immer wieder Äpfel mit Birnen verglichen: Hier die defizitäre nachvatikanische Feierpraxis, dort das goldene Zeitalter der tridentinischen Liturgie. In einem Beitrag anlässlich des In-Kraft-Tretens der neuen Bestimmungen des Motu proprio am 14. September 2007 gab Michael Gassman in der FAZ seiner Beunruhigung über die Begeisterung, mit der die Wiederzulassung der alten Messe publizistisch gefeiert wurde, Ausdruck.[16] Diese sei nicht zuletzt motiviert durch die Ablehnung all dessen, was mit den „Achtundsechzigern" assoziiert wird, also auch der Liturgiereform jener Jahre. Damit erweisen sich die von der alten Messe Begeisterten aber genauso als Kinder ihrer Zeit wie die von ihnen abgelehnten Reformer: „Den Überdruss, den viele (auch der Papst) angesichts einer von ‚kreativen' Priestern oftmals ruinierten Liturgie empfinden, hat es in den sechziger Jahren unter anderen Vorzeichen schon einmal gegeben. Damals galt er der Nachlässigkeit, mit der viele Geistliche ihre Messen serienweise herunterlasen. In beiden Fällen war die Kunst des Zelebrierens, die Benedikt XVI. so am Herzen liegt, verlorengegangen. Die Sinnfälligkeit einer zeichenhaften Handlung muss eben in jedem Usus mit Bedacht verdeutlicht werden."

Mehrere Beiträge dieses Bandes befassen sich dezidiert mit der älteren Form. Arnold Angenendt bietet einen komprimierten Abriss der Liturgiegeschichte, der – wie kann es auch anders sein – die Zeitbedingtheit eines jeden Stadiums und einer jeden Reform veranschaulicht. Damit leistet er einen wichtigen Beitrag zur Entideologisierung der derzeitigen Debatte auf beiden Seiten. Mit ähnlicher Zielsetzung weist Andreas Odenthal unter Zuhilfenahme psychologischer Kategorien auf die Spannungsmomente hin, die eine christliche Liturgie auszuhalten hat als Raum der Begegnung von Objektivem und Subjektivem. Dabei ist einerseits Sinn für Tradition, andererseits aber auch Raum für Fortschritt und berechtigte Vielfalt vonnöten.

Welche liturgiewissenschaftlichen Probleme sich mit dem Motu proprio stellen und welche konkreten liturgischen Konsequenzen sich daraus ergeben, legt der Beitrag von Benedikt Kranemann dar. Wird nicht, so ist zu fragen, in der offiziellen Lesart der Kirche die ganze Vorgeschichte der Liturgiekonstitution und ihrer Umsetzung durch die Liturgiereform radikal umgedeutet, so als sei die Reform nicht die Frucht der in den vorangegangenen Jahrzehnten gewonnenen Erfahrungen und Erkenntnisse gemäß dem Auftrag des Konzils gewesen, sondern allenfalls eine subjektive Deutung dieses Auftrags? Dem Protagonisten der Reform, Erzbischof Annibale Bugnini, wurde sogar die Verfälschung des Konzilsauftrags vorgeworfen.[17] Der Papst forciert jedenfalls jene Linien, die von der Zeit der Liturgischen Bewegung zu den traditionalistischen Kreisen führen. Tatsächlich berufen sich beide Seiten für ihre Argumentation teilweise auf dieselben Werke, etwa auf Josef Andreas Jungmanns „Missarum Sollemnia". Es ist auch bekannt, dass einige anfängliche Befürworter der Reform, wie der von Joseph Ratzinger geschätzte Klaus Gamber[18], später zu deren erbitterten Gegnern wurden.

Mit Klemens Richter kommt ein eindeutiger Befürworter der Liturgiereform zu Wort, der selbst durch eines der Zentren der Liturgischen Bewegung, das Leipziger Oratorium, geprägt wurde und sich als Liturgiewissenschaftler jahrzehntelang für die Reform und ihre Umsetzung eingesetzt hat. Auch andere Beiträge, insbesondere die von Arnold Angenendt, Robert Spaemann und Enzo Bianchi, dokumentieren eindrücklich, wie sehr die Einschätzung der Liturgiereform und damit auch des Motu proprio von der eigenen Biografie bestimmt ist. Bei aller Gegensätzlichkeit der Positionen wird aber deutlich, dass sowohl der ältere als auch der jüngere Usus geeignet sind, Menschen zur Gottesbegegnung und zum geistlichen Mitvollzug der Liturgie zu verhelfen. Ob und wieweit die faktische Gleichstellung zweier Entwicklungsstufen ein und desselben Ritus ein Gewinn ist, wird sich zeigen. Bis dies in allen Einzelheiten auch tatsächlich funktioniert, kann es noch einige Zeit dauern. Die erste Korrektur am älteren Usus wird womöglich nicht die letzte sein. Immerhin gilt der jüngere Usus als die

„ordentliche" Form. Ob er es bleiben wird, ist auch eine Frage der künftigen Entwicklung. Die Bischöfe werden nach der Dreijahresfrist beim Austausch der ersten Erfahrungen mit dem Motu proprio einiges zu berichten haben, die theologische Diskussion wird weiter gehen.

Anmerkungen

[1] Vgl. A. Gerhards (Hg.), *Kirchenmusik im 20. Jahrhundert. Erbe und Auftrag* (Ästhetik – Theologie – Liturgik 31), Münster 2005.

[2] Radio Vatikan-Newsletter (2. Januar 2008), in: kath.de-Infoservice, E-mail: redaktion@kath.de.

[3] H.-L. Barth, *Ist die traditionelle lateinische Messe antisemitisch? Antwort auf ein Papier des Zentralkomitees der deutschen Katholiken*, Altötting ²2007, 17f.

[4] Vgl. ebd. 21–27.

[5] Vgl. A. Gerhards, Die *„alte" und die „neue" Messe. Versuch einer Sondierung der Positionen*, in: gd 41 (2007) 57–59.

[6] Vgl. ders., *„Die Sorge der Päpste". Das Motu Proprio Benedikts XVI. zur Wiederzulassung der alten Liturgie*, in: HerKorr 61(2007) 398–403.

[7] J. Ratzinger, *Aus meinem Leben*, Stuttgart 1997, 173.

[8] N. Lüdecke, *Kanonistische Anmerkungen zum Motu Proprio Summorum Pontificum*, erscheint in der ersten Jahreshälfte 2008 im Liturgischen Jahrbuch sowie voraussichtlich in einer weiteren Publikation, die Fragen und Stellungnahmen zum Motu proprio „Summorum Pontificum" vereinen wird.

[9] Der Text steht im Internet unter folgender Adresse: http://www.zdk.de/erklaerungen/, Stand: 20. Januar 2008.

[10] Dies soll in der bereits angekündigten weiteren Publikation erfolgen.

[11] Vgl. A. Gerhards, *Die Großen Fürbitten am Karfreitag und die Interzessionen des Eucharistischen Hochgebets als Spiegel des Selbstverständnisses der Kirche*, in: N. Klimek (Hg.), *Universalität und Toleranz. Der Anspruch des christlichen Glaubens*, FS G. B. Langemeyer, Essen 1989, 111–126; ders., *Universalität und Toleranz. Die Großen Fürbitten am Karfreitag als Maßstab christlichen Glaubens, Betens und Handelns*, in: gd 24 (1990) 41–43.

[12] Radio Vatikan-Newsletter (18. Januar 2008), in: kath.de-Infoservice, E-mail: redaktion@kath.de.

[13] Radio Vatikan-Newsletter (5. Februar 2008), in: ebd.

[14] Vgl. D. Kanemann, *Israelitica dignitas? Studien zur Israeltheologie Eucharistischer Hochgebete* (MThA 66), Altenberge 2001, 77–90.

[15] Vgl. P. Hünermann – Th. Söding (Hg.), *Methodische Erneuerung der*

Theologie. Konsequenzen der wiederentdeckten jüdisch-christlichen Gemeinsamkeiten (QD 200), Freiburg–Basel–Wien 2003; H.H. Henrix (Hg.), *Nostra Aetate – Ein zukunftsweisender Konzilstext. Die Haltung der Kirche zum Judentum, vierzig Jahre danach,* Aachen 2006.

16 M. Gassmann, *Hoch oben schwebt jubelnd der Dichterlein Chor. Die begeisterten Intellektuellen haben den Papst nicht richtig gelesen: Der reformierte Messritus ist schöner als sein Ruf,* in: FAZ (14. September 2007) 40. Dies war im Übrigen auch in der FAZ der Fall: Vgl. den Leitartikel von D. Deckers, in: FAZ (7. Juli 2007) 1; vgl. P. Bahners *Wie im Anfang. Eine Frankfurter Debatte über die alte und die neue Messe,* in: FAZ (22. August 2007) 32.

17 Vgl. A. Bugnini, *Die Liturgiereform. Zeugnis und Testament 1948–1975,* Freiburg u. a. 1988).

18 Vgl. J. Ratzinger, in: W. Nyssen (Hg.), *Simandron, der Wachklopfer.* FS K. Gamber (Schriftenreihe des Zentrums Patristischer Spiritualität Koinonia-Oriens im Erzbistum Köln 30), Köln 1989, 15.

Die Autoren

Arnold Angenendt, Professor em. für Kirchengeschichte an der Katholisch-Theologischen Fakultät der Universität Münster.

Enzo Bianchi, Prior der benediktinischen Gemeinschaft Monastero di Bose (Italien).

Albert Gerhards, Professor für Liturgiewissenschaft an der Katholisch-Theologischen Fakultät der Universität Bonn.

Benedikt Kranemann, Professor für Liturgiewissenschaft an der Katholisch-Theologischen Fakultät der Universität Erfurt.

Karl Kardinal Lehmann, Bischof von Mainz, bis 18. Februar 2008 Vorsitzender der Deutschen Bischofskonferenz.

Bischof Heinrich Mussinghoff, Bischof von Aachen, Stellvertretender Vorsitzender der Deutschen Bischofskonferenz.

Andreas Odenthal, Professor für Liturgiewissenschaft an der Katholisch-Theologischen Fakultät der Universität Tübingen.

Klemens Richter, Professor em. für Liturgiewissenschaft an der Katholisch-Theologischen Fakultät der Universität Münster.

Robert Spaemann, Professor em. für Philosophie an der Universität München.